PROCÉDURE DEVANT LA COUR CONSTITUTIONNELLE CONGOLAISE

Esquive judiciaire ou politique ?

Eugène Banyaku Luape Epotu

PROCÉDURE DEVANT LA COUR CONSTITUTIONNELLE CONGOLAISE

Esquive judiciaire ou politique ?

Préface de Félix VUNDUAWE te PEMAKO
Postface de Jacques Djoli Eseng'Ekeli

L'Harmattan

Du même auteur

- Aperçu sur les études sociales de développement, Presses Universitaires du Zaïre, 1990 ;
- Chronologie, Monographie et Documentation sur l'histoire politique de la République Démocratique du Congo des années 60 aux années 90, Édition du Centre Interdisciplinaire et de Documentation (CIEDOS), 2000 ;
- Prospectus Electoral : Estimations démographiques et Documentation sur les modes de scrutiny Tome I et Tome II, Édition du Centre Interdisciplinaire et de Documentation (CIEDOS), 2004
- Initiation à la Géopolitique, Édition du Centre Interdisciplinaire et de Documentation (CIEDOS), 2006
- Les Concepts et Approches théoriques du Phénomène de Développement, Presses Universitaires du Congo, 2010 ;
- La lettre ouverte à Masire : La palabre politique congolaise, Édition NORAF, 2013 ;
- La Pléiade des Anamongo : Mythe et Réalité, Édition NORAF, 2014 ;
- Les Aspects Politiques de Développement, Édition du Centre Interdisciplinaire et de Documentation (CIEDOS), 2014 ;
- La note de lecture de l'article de Mohammed Amine Be-nabdallah portant sur le contrôle de la constitutionnalité des lois ; regard sur dix années d'évolution au Maroc ;
- Quelques questionnements sur la procédure devant la Cour Constitutionnelle face aux besoins de Justice des Citoyens Congolais, Édition Centre de Documentation et d'Intelligence Stratégique (CEDIS), 2017 ;
- Les Estimations démographiques 2022 en RDC et le Mode de scrutin proportionnel à la plus forte moyenne, Tome I et Tome II, Édition du CIEDOS, 2022

5-7, rue de l'École-Polytechnique ; 75005 Paris

www.editions-harmattan.fr

ISBN : 978-2-14-031479-7
EAN : 9782140314797

Préface

Lorsqu'elle est saisie des faits lui soumis par une partie requérante, la Cour constitutionnelle congolaise n'examine pas directement le bien ou mal fondé des moyens avancés en soutènement de l'objet de la requête. Elle procède d'abord à la vérification de sa compétence à connaître de l'objet lui soumis. Elle procède ensuite par l'examen des conditions de pure forme, se rapportant, notamment, à la qualité de la partie qui la saisit, à son intérêt à agir, au délai dc sa saisine, aux indications d'adresse aux pièces annexées… etc.

C'est ainsi que lorsqu'elle constate que la matière lui soumise n'est pas celle relevant de sa compétence, elle se déclare purement et simplement incompétence ; sauf, lorsqu'elle décide d'affirmer sa compétence, dans certaines conditions bien limitées. Une fois qu'elle juge que les conditions de forme, évoquées ci-dessus, ne sont pas réunies, la Cour n'hésite pas à décréter l'irrecevabilité de la requête, comme l'indiquent les articles 50 et 88 de la loi organique de la Cour constitutionnelle. Une telle décision entraîne le non-traitement du fond de la requête.

L'auteur du présent ouvrage, avec sa double casquette de Professeur d'Universités et Juge à la Cour constitutionnelle de la République Démocratique du Congo, mais, particulièrement, sous un regard de politologue, fait son constat et estime que dans certains dossiers qui lui sont soumis, la Cour constitutionnelle évite l'examen de fond, sur base des arguments juridiques, du reste légaux, se rapportant généralement aux sujets, sans pour autant saisir l'objet de la matière. C'est ce qu'il qualifie en les distinguant, de sujet subjectif par rapport à l'objet substantiel.

En liminaire, il pose le fondement du droit en développant les notions de sa philosophie. Il estime que l'objectif primordial d'une institution judiciaire est celui de résoudre les contentieux pour la paix sociale. Il note à cet effet qu'il est de droit pour toutes les parties au procès de connaître la suite sur le fond de leur affaire. Il retient qu'en évacuant les requêtes pour irrecevabilité par défaut de bonne procédure devant la Cour, le contentieux lui soumis reste irrésolu…

Le Professeur-auteur illustre son propos à travers six types de procédures connues par la Cour constitutionnelle, où il dégage les cas de primauté de la forme par rapport au fond.

D'abord, il développe la notion de saisine de la Cour constitutionnelle et assoit l'analyse d'un côté sur la qualité à agir en justice. Il présente à ce niveau cinq arrêts de la Cour constitutionnelle décrétant l'irrecevabilité de la requête alors même que par moment, l'examen du fond de ladite requête aurait résolu le problème dans la société, affirme l'auteur. Il aborde ensuite l'intérêt à agir devant la Cour, et précise sa pensée à travers l'analyse de l'arrêt rendu par la Cour sous R.CONST. 004/252/TSR ; dossier qui lui a été transmis en l'état par la Cour Suprême de Justice. Il évoque aussi le délai de survenance ou d'expiration prescriptive devant la Cour constitutionnelle. Très simplement, le Professeur-auteur note que le délai est la durée de temps qui sépare deux instants. Il répertorie cinq délais légaux, pouvant dans certaines circonstances, en cas d'inobservance, entraîner la redoutable sanction d'irrecevabilité de la requête.

Lorsqu'il évoque la question relative à l'intervention volontaire d'un tiers dont les droits risquent d'être mis à mal par l'issue d'une affaire pendante devant la Cour constitutionnelle, l'auteur retient l'arrêt rendu par la Cour constitutionnelle sous R.CONST. 0017/0051/0052/0053 et celui sous R.CONST. 114/115/272/TSR. Traitant de la tierce opposition, l'auteur souligne une faible probabilité de son aboutissement devant la Cour constitutionnelle. L'illustration est donnée à travers cinq arrêts suivants de la Cour constitutionnelle : l'auteur sous R.CONST 113/TSR du 11 mars 2016, l'arrêt sous R.CONST.0056, l'arrêt sous R.CONST. 0065/2015, l'arrêt sous R.CONST. 0063, et l'arrêt sous R.CONST. 0009 du 29 janvier 2016. Mais, il faut noter que de ces différents arrêts évoqués ci-dessus, l'auteur fait en effet plutôt le constat de nombreuses atteintes aux libertés et aux droits fondamentaux par les actes judiciaires.

Pour lui, dans sa vision de politologue averti, face à de telles violations dans la société, la Cour constitutionnelle n'aurait pas dû se déclarer simplement incompétente.

Ensuite, il présente la procédure devant la Cour constitutionnelle dans ses deux formes, à savoir : la procédure de contrôle par voie d'action et celle par voie d'exception. D'une part, pour l'auteur, la procédure de contrôle de constitutionnalité par voie d'action est initiée par un sujet de droit, directement devant la Cour constitutionnelle, juridiction compétente en droit congolais. Il illustre son propos par sept législations avant de les approcher de celle congolaise.

D'autre part, traitant de la saisine de la Cour constitutionnelle par voie d'exception, qu'il a qualifiée de procédure déclinatoire en exception d'inconstitutionnalité, le Professeur-auteur a élargi le champ d'application du déclinatoire et insisté sur son caractère obligatoire. En étai à son opinion, il évoque, notamment, l'arrêt rendu sous R.CONST. 134/330/135/331/TSR.

En plus, l'auteur du présent ouvrage aborde la question relative à la procédure du contentieux électoral devant la Cour constitutionnelle. Il y examine donc les conditions de recevabilité et le pouvoir d'instruction organisé par la loi, les décisions de la Cour et les voies de recours avant de présenter brièvement ce qu'il a qualifié de contentieux électoral devant la Cour constitutionnelle congolaise.

Il est également revenu sur le désistement devant la Cour constitutionnelle en examinant deux arrêts rendus sous R.CONST. 215/2016 et 271/2016.

L'ouvrage traite enfin de la procédure déclaratoire du patrimoine familial devant la Cour constitutionnelle, en parcourant, étant donné la multiplicité de la matière, cinq arrêts de donner acte, rendus par la Cour constitutionnelle ; la procédure de prise de décision et l'épineuse question de l'exécution des arrêts rendus par la Cour constitutionnelle congolaise.

En définitive, il y a lieu de noter que pour l'auteur de l'ouvrage que nous préfaçons ce jour, plutôt que d'esquiver par des arguties judiciaires, comme c'est pourtant le cas dans bien d'affaires, la Cour constitutionnelle devrait s'assumer en abordant à chaque instant, l'examen au fond. Ainsi, pourra-t-elle espérer faire avancer sa légitimité démocratique, sa crédibilité politique et la validité de son expertise juridique aux yeux de nombreux citoyens qui attendent une meilleure justice constitutionnelle en République Démocratique du Congo. Ce Juge et politologue estime que lorsqu'elle est saisie, la Cour ferait mieux de rencontrer et examiner la question qui lui est posée, de sorte à ce que sa position clarifie la société en lui évitant tout risque de violence réfractaire, réactionnaire ou révolutionnaire. C'est seulement de cette façon que, pour le Collègue, la Cour constitutionnelle pourra garantir le respect de la Constitution avec les valeurs qu'elle prône, sauvegarder efficacement la démocratie et préserver la stabilité au sein de la société.

La particularité de la matière traitée, ainsi que le style utilisé par l'auteur, favorisent à coup sûr sa lecture, par tout individu, scientifique ou non, professionnel du droit, décideur et acteur politique… etc.

Comme pour toutes ses précédentes publications, je reste convaincu de son succès et souhaite bon vent à la présente !

Professeur Félix VUNDUAWE te PEMAKO

Juge à la Cour constitutionnelle

Avant-propos

La présente étude fait suite à la réflexion du Professeur Mohammed Amine Benabdallah sur le contrôle de constitutionnalité des lois au Maroc »[1], que j'ai reproduit sous forme de note de lecture en opuscule aux Éditions du Centre Congolais d'Études Stratégiques et de Recherche en Relations Internationales (CE-CERI) en 2015.

Mon inspiration est mue par la similitude remarquable entre l'histoire du Conseil constitutionnel marocain et celle de la Cour constitutionnelle congolaise, aussi bien sur le long processus pris pour leur mise en place presque pour des raisons similaires que sur la parcimonie dans la structuration des références indispensables au bloc de constitutionnalité qu'elles recèlent.

Dans cette précédente publication, il a été souligné que le Maroc avait connu de 1965 à 1970 un État d'exception suivi d'une période transitoire de rude épreuve entre 1972 et 1977 pour qu'enfin le Conseil constitutionnel soit mis en place en février 1994. Et, pendant cette longue période avant son installation, c'est la Chambre constitutionnelle de la Cour Suprême instituée depuis 1962 qui faisait office de Conseil constitutionnel. Nombreux de ses arrêts fort controversés ont été suivis ou maintenus pour éviter trop de revirements jurisprudentiels.

A ce sujet, le Professeur Mohammed note que « quelquefois pour éviter de se prononcer sur les points soulevés par les requérants, le juge constitutionnel laisse le cas pendant sans solution juridique et, ainsi, il s'éloigne de l'examen des questions cruciales ou de fond auxquelles, justement les réponses auraient permis un enrichissement de la jurisprudence constitutionnelle »[2]

Ainsi souvent, « le juge constitutionnel passe outre, alors que le contenu de l'action obéit d'une part au principe dispositif, selon lequel le juge constitutionnel ne peut s'éloigner de questions qui lui sont posées par les saisissants ou aller au-delà des moyens invoqués par les requérants et d'autre part aux compétences du Conseil constitutionnel »[3].

Aussi indique-t-il que « lorsque le Conseil est saisi d'une question bien précise, il s'arrange avec brio pour trouver le moyen de répondre à une question

[1] Professeur *Mohammed Amine Benabdallah de l'Université Mohamed V à Rabat – Souissi*

[2] Mohammed Amine Benabdallah, Le contrôle de constitutionnalité des lois au Maroc, in *Banyaku Luape Epotu*,. note de lecture de l'article de Mohammed Amine Benabdallah portant sur le contrôle de la constitutionnalité des lois : *Regards sur les dix années de l'évolution au Maroc*, Éditions CECERI, Kinshasa, 2015, pp.1-15

[3] *Idem*

qui ne lui était pas posée, tout en évitant celle dont il est saisi ou encore évoquer son incompétence, parfois déclarer l'irrecevabilité la requête en s'appuyant sur la procédure de la saisine ou la matière y relative »[4]

En ce qui concerne les matières de saisine, le Professeur Mohammed ajoute que « le Conseil constitutionnel marocain ne peut s'apprécier que par rapport à son rôle qui ne doit pas se mesurer au regard de l'arbitrage qu'il assure en déclarant si une loi est conforme ou non à la Constitution ou si une mesure relève du domaine législatif ou réglementaire. Mais, son rôle devrait consister plutôt à prendre des décisions de fond et de très haute voltige qui complètent et interprètent les dispositions constitutionnelles en relation avec les droits fondamentaux, les libertés et les principes généraux du droit, sur lesquels, jusqu'à présent, il n'a jamais eu l'occasion de se prononcer ».[5]

Pour conclure ma note de lecture sur le contrôle de constitutionnalité des lois du Maroc, après dix ans d'installation du Conseil constitutionnel, je paraphrasais ce proverbe de sagesse qui dit qu'une question trichée n'est pas une question résolue, car les temps de raison ont toujours été vainqueurs des faits truqués dans les temps.

C'est sur base de cette préoccupation que je me suis interrogé pour savoir si les seules procédures de forme dans une affaire en justice pouvaient constituer de motifs suffisants pour ne pas examiner le fond et donc ne pas résoudre le contentieux soulevé par les parties adverses devant une juridiction et surtout si celle-ci est unique et sans recours comme c'est le cas de la Cour constitutionnelle congolaise.

De mon expérience personnelle comme député honoraire à l'Assemblée constituante de 2003 à 2006 et des leçons tirées de ma participation aux débats entre les quatre grandes composantes parlementaires de l'époque, en vue d'aboutir à la Constitution actuelle, il y a lieu de témoigner que c'est un laborieux exercice à coup d'enchères ou de surenchères et à grands risques de rupture. Ne fut-ce que pour cela, la Constitution mérite grand respect. Corollairement, il se justifie que les lois et actes règlementaires s'y conforment comme une garantie pour la vie et la survie d'une nation.

Aussi, ai-je tenu à prendre l'exigence de la justice constitutionnelle par son côté introductif, c'est-à-dire, les procédures. Car, comme disent les juristes professionnels, « le juge constitutionnel avec toute sa volonté qu'il peut avoir de faire œuvre créatrice, demeure lié par le contenu de la saisine »[6]

Mon inspiration en tant que politologue me fait susciter une série de questionnements et de doute sur cet impératif hypothétique de droit subjectif qui

---

[4]*Ibidem, p. 3*
[5]*Idem*, p. 14
[6]*Idem*, p. 12

renverse la position logique de l'impératif catégorique. Les défenseurs de cette thèse de primauté du droit subjectif sur le droit substantiel soutiennent que le sujet précède l'objet par survenance ontologique. Selon eux, l'objet aurait dû ne pas exister s'il n'y avait pas au préalable le sujet. C'est l'image du débat ontologique entre l'œuf juridique et la poule juridique !

En examinant la procédure devant la juridiction, la logique impose que le juge puisse commencer par connaître le sujet pour comprendre l'objet. Mais, ce qui paraît inconvenant, est que, pour défaut de procédure dans le chef du sujet de droit, le juge ne puisse plus examiner l'objet de droit qui se pose en constituant objectif du contentieux et sur lequel se fonde même l'existence de la norme de droit,

Les tenants de la thèse du droit substantialiste s'interrogent alors si derrière cette pratique judiciaire persistante, depuis les temps féodaux, ne se cache pas un support idéologique ou supra-objectal d'une justice de domination en faveur de classes privilégiées ou de gens de haute culture et de haute société.

Ce qui est vrai pour la procédure de saisine, l'est aussi pour la procédure du contrôle de constitutionnalité en action ou en exception d'inconstitutionnalité. La procédure pour le contentieux électoral peut se dérouler sur confirmation ou sur doute de la qualité du candidat sans altérer les résultats électoraux dans leur intégrité numérique. Tandis que toute manipulation du fond ou de l'objet, en l'occurrence, le vote, par la fraude ou par erreur, corrompt les résultats électoraux.

La procédure de désistement en instance ou en action engagée concerne la poursuite ou non du gain et de l'intérêt mis en jeu au procès. Elle est rarement motivée par altruisme pour faire plaisir/cadeau à la partie adverse ou par inadvertance sur la portée réelle de l'intérêt en cause. C'est donc l'objet, seul, en cause qui peut permettre de mesurer la mise en poursuite du procès ou la volonté de désistement d'une des parties au procès.

La procédure déclaratoire du domaine familial est la démonstration la plus marquante de ma préoccupation. La déclaration se valide par acte de confirmation de l'objet dans son contenu substantiel des biens exigé par la loi pour être déclarés. Le respect de règles de délais est évident, mais il n'altère pas l'objet pour autant, même s'il peut donner lieu à des effets juridiques qui affectent le sujet de droit.

La procédure de prise de décision couvre aussi un équilibre de positions en justice entre l'impératif de l'indépendance du juge constitutionnel, celui du mode de votation, ainsi que celui de la formule du prononcé des arrêts, d'une part, et l'impératif du quorum légal requis, ainsi que d'autres exigences substantielles liées à l'examen de l'objet en cause par les juges, d'autre part.

La procédure d'exécution des arrêts rendus par la Cour étant d'office libératoire ou nihiliste d'un droit, la validité juridique de ces derniers se fonde sur la constitutionnalité ou la conformité à la Constitution de l'objet en cause devant la juridiction constitutionnelle, même si le sujet en est le principal bénéficiaire ou perdant.

La présente étude donne l'ouverture à une vision plus équilibrée entre le droit subjectif et le droit substantiel, puisqu'elle milite pour une justice constitutionnelle portée vers l'examen du fond du contentieux au prix duquel la paix civile et la paix sociale se gagnent.

Introduction générale

Ma publication a pour pierre de touche la Procédure devant la cour constitutionnelle congolaise : esquive judiciaire ou politique face aux besoins de justice des citoyens ? Il s'agit d'une invitation à la réflexion sur l'une des plus vieilles problématiques du droit, à savoir, la primauté du droit subjectif sur le droit substantiel. Cette primauté a comme conséquence procédurale, l'abandon d'office par le juge de tout examen du fond de l'objet en cause, dès qu'il est conclu qu'il y a défaut de qualité du requérant ou du manque de son lien d'intérêt à celui-ci.

Cette prédominance de la forme sur le fond ne peut qu'interpeller tout scientifique de sciences humaines formé à l'école positiviste, où il est constamment enseigné que la forme ne peut déterminer ni sublimer le fond, mais que l'inverse est vrai. A ce débat d'école censé justifier la raison du sujet par la quête pour la saisie ou l'appropriation de l'objet, s'ajoute celui de la praxis sociale, particulièrement, axé sur l'existentialisme et sur le substantialisme du sujet par rapport à l'objet.

La pratique judiciaire surtout en matière procédurale est vécue comme un prolongement des temps de privilèges et de statuts avantageux de certains sujets par rapport à d'autres, par le simple fait que les uns disposent de moyens de défense plus substantiels et de connaissances de droit plus élaborées que les autres.

Mais, la bonne évolution dans nombreux pays démocratiques indique un retournement à l'avantage de ceux dont l'accès à la justice équitable n'est pas facile ou pas du tout facilité.

Le questionnement fondamental de cet ouvrage est celui de savoir si la justice juridictionnelle qui a pour mission principale la résolution des conflits d'intérêts dans la société nationale et internationale peut y arriver si le seul défaut de qualité du requérant peut éteindre l'objet par l'abandon de l'examen de fond de celui-ci ?

Examinant tout à tour les procédures en cours devant les juridictions judiciaires, particulièrement celles d'instance sans recours et hormis le rôle de motivation du sujet à l'action, il peut être posé la question de savoir comment le sujet, qui est impératif hypothétique peut-il subordonner l'objet dans un marché juridique, alors que celui-ci est un impératif catégorique dans un procès en justice ? Aussi, peut-on se poser la question de savoir, si le sujet comme être substitutif ou subjectif en bénéfice tiré ou en dommage subi au procès peut-il par défaut de qualité sublimer l'objet en cause qui est interchangeable et immuable dans sa substance objective et constitutive, donc réelle ?

La question centrale pour toute justice est celle de savoir si le contentieux au procès peut se déterminer par la simple qualification du sujet ou bien c'est la portée litigieuse de l'objet qui justifie le procès ? A cette question peut s'ajouter celle de savoir si l'irrecevabilité irréfragable d'une requête pour défaut affirmé de la qualité du requérant peut éteindre l'objet litigieux et résoudre le contentieux ?

Sans vouloir trancher si oui ou non la validité juridique ou morale de l'option prise en faveur de la primauté du sujet sur l'objet peut être fondée, je trouve que le sujet et l'objet sont consubstantiels dans la bonne façon de prendre une décision judiciaire et de rendre un jugement résolutoire plus objectif et plus équitable sur une cause soumise en justice.

Comme hypothèse, il m'apparaît que toute justice juridictionnelle qui se cache derrière les esquives judiciaires d'irrecevabilité de requêtes pour défaut de qualité de sujets, avec comme conséquence de logique procédurale, l'abandon de l'examen de fond ou qui use de la délicatesse politique pour décliner ses compétences à tout bord, n'amène pas à vider le contentieux soumis aux juridictions judiciaires. Bien au contraire, elle peut nourrir les risques réfractaires, réactionnaires ou révolutionnaires peu souhaitables et moins désirables pour la paix sociale et civile.

Ce qu'il faut bien voir, la situation peut devenir plus dramatique surtout lorsqu'il s'agit de questions sensibles de violation flagrante des libertés et des droits fondamentaux garantis par la Constitution et dont la Cour constitutionnelle en est le gardien institutionnel dans la construction d'un État de droit et l'instauration de la démocratie.

Et, pour un politicologue positiviste, le droit est l'instrument parfait pour la réalisation de cette paix dans la société politique et civile par l'application d'une justice rationnelle fondée sur de bonnes et justes résolutions de tout contentieux ou de tout objet litigieux dans un État de droit.

Mon exercice de questionnement sur la procédure devant la Cour constitutionnelle me laisse confirmer par absurde que le centre de toute justice est la plaidoirie des parties et le jugement, dont dépend l'issue heureuse ou malheureuse pour l'une ou l'autre partie au procès.

Aussi, le jugement juste ou inique dans une justice vraie ne dépend pas de l'affirmation ou de la négation de la qualité ou du lien d'intérêt du sujet de droit et moins encore de la tenue des règles de délais, mais de la validité et de l'authenticité de l'objet en cause.

C'est par la confirmation ou l'obstruction du droit ou de fait sur le fond de la cause querellée et par l'établissement ou la dissipation/falsification des preuves authentiques que se déterminent le caractère juste ou inique du jugement, ainsi que l'issue heureuse ou malheureuse du procès pour l'une ou l'autre partie.

Et, cela est vrai, quelle que soit la validité de la qualité du sujet, par son statut ou son identité, et le lien d'intérêt avec l'objet, ainsi que la bonne ou mauvaise tenue des règles de délais.

Le prestige dont jouit toute juridiction constitutionnelle ne tient pas seulement à son autorité juridique fondée sur ses larges compétences à rendre nul ce que le législateur a produit, mais surtout de son autorité morale par l'incarnation de la sagesse et par le crédit de neutralité dont elle bénéficie grâce à son intégrité morale et à sa probité intellectuelle.

Le juge constitutionnel n'est pas au-dessus des institutions et de la société, mais au grand milieu d'elles et à leur service dévoué pour maintenir en équilibre le pouvoir et la société.

Cette étude couvre un grand champ de la problématique du droit en général et du droit constitutionnel en particulier. En effet, la Constitution est un point d'équilibre, dont dépendent le bon fonctionnement des Institutions dans un État de droit, ainsi que la paix civile et sociale.

Ma démarche est réflexive et critique, appuyée par l'expérience.

Ces pages sont organisées en huit chapitres. Le premier chapitre a pour matrice les généralités. Le second a pour pierre de touche la procédure de saisine devant la cour constitutionnelle. Le troisième rappelle la procédure en action et en exception d'inconstitutionnalité devant la cour constitutionnelle ; la procédure pour les contentieux électoraux au quatrième ; celle de l'intervention volontaire de la tierce opposition et de désistement devant la même cour au cinquième ; celle de déclaration du patrimoine familial au sixième chapitre. La procédure de prise de décision de la cour constitutionnelle est rappelée dans l'avant-dernier chapitre. Le dernier chapitre évoque la procédure de l'exécution des arrêts rendus par la cour constitutionnelle.

Chapitre 1
Considérations générales

Ce chapitre porte sur les considérations générales. Il est articulé autour des points qui suivent : l'origine du droit positif, sa définition, la place de la loi et de la procédure dans le droit positif, enfin les différentes sources du droit positif.

1. Origine du droit positif

La philosophie du droit à partir de laquelle se fondent les principes généraux du droit positif tire ses origines classiques de la conception contractuelle de l'État, laquelle considère l'humain comme un être rationnel, raisonnable et moral. Ce dernier ne pouvant vivre en état naturel de guerre permanente entre individus et en état d'intérêt instinctif, soumet aux règles et normes édictées par la puissance publique dans la société pour son bien ou son bonheur, ainsi que pour celui de ses semblables dans la collectivité.

Comment définir le droit positif ?

2. Définition du droit positif

Le droit positif comprend donc l'ensemble des règles et normes auxquelles une société se sent obligée d'obéir pour rendre celle-ci vivable grâce aux *décisions résolutoires sur les contentieux ou* sur les conflits rendues par les juridictions, dont les compétences sont définies par la loi. La paix sociale est tenue grâce à cette résolution permanente des conflits par les juridictions compétentes, laquelle constitue un des grands objectifs de toute société et encore mieux de tout État de droit.

Quelle est la place de la loi dans le doit positif ?

3. La loi dans le droit positif

Au centre de ce droit positif se trouve la notion de la loi, dont l'essence fondamentale est celle de la sauvegarde de l'intérêt général et du respect des droits fondamentaux et de la liberté de citoyens. C'est à ce titre que l'application de la loi par le pouvoir judiciaire fonde la légitimité de sa mission principale, laquelle consiste à rendre le jugement suivant les principes et les règles du droit positif en toute équité et en égalité des droits pour tous. Et, c'est donc elle qui garantit l'état de la liberté conventionnelle consentie entre tous et partagée par tous.

Quelle place occupe la procédure dans le droit positif ?

4. Rôle de la procédure dans le droit positif

Mais, au-delà de la loi, une des caractéristiques du droit positif est la soumission du fond à la procédure, en ce que la forme, notamment, la qualité et l'intérêt à agir du sujet de droit précède le fond ou le contenu, c'est-à-dire, le moyen par lequel la matière en cause est soumise à la compétence de la juridiction pour juger de l'objet du droit.

Or, la pratique judiciaire courante tirée de l'article 30 du Code de Procédure Civile français définit le droit à agir en justice pour le demandeur, comme celui d'être entendu sur le fond de sa demande afin que le juge la dise bien ou mal fondée. Pour la partie adverse, l'action est le droit de discuter sur le bien-fondé de cette prétention. Donc, il est du droit de tout requérant, surtout pour les affaires en cause devant la Cour constitutionnelle, d'en connaitre la suite sur le fond.

Déjà avec cette définition, l'irrecevabilité d'une requête constitue un obstacle majeur pour le demandeur de faire entendre sa cause auprès du juge. Et, pourtant, malheureusement, en justice, les choses se passent ainsi en raison du primat du sujet sur l'objet, c'est-à-dire, sur le fond.

Je rappelle les sources didroit positif dans le point qui suit.

5.Sources du droit positif

Cette situation tire son explication de trois grandes sources du droit :

1. la coutume prégnante sur l'histoire du droit ;
2. la philosophie morale sur les principes du droit ;
3. L'épistémologie phénoménale sur l'Agir en droit.

Ces trois sources ont l'avantage d'être consistantes en chacune d'elles par la force du vécu historique du droit, par la grande substantialité de la philosophie morale, dont les valeurs prennent autorité sur la pratique, ainsi que par la rationalité et par la cohérence de l'épistémologie dans l'analyse des faits, accordant toutes la primauté du droit subjectif sur le droit objectif ou substantiel dans la pensée juridique.

5. 1. La coutume

De la première source relative à l'influence dominante de la coutume sur l'histoire du droit. Il est à noter qu'hormis le droit divin et le droit naturel, le droit positif s'est construit à partir de lois sur les énoncés justificatifs des privilèges et de la reconnaissance du droit de la propriété, dont le sujet en est le titulaire absolu ou le propriétaire souverain de l'objet concerné.

Il s'établit donc en droit positif le primat du sujet sur l'objet, c'est-à-dire, sur le fond du droit. Ainsi, s'imposent les privilèges du sujet face au droit commun et le statut de titulaire absolu sur sa propriété contre la prétention de toute tierce personne.

D'abord, le privilège se définit comme « un droit accordé à quelqu'un par grâce spéciale et particulière du roi, d'où s'ensuit qu'il déroge au droit commun »[7]. Et, pendant de longues périodes de l'ancien régime en Europe, les rois conféraient des privilèges à tous ceux qui avaient statut/rang dans la noblesse ou dans le haut clergé. Il en fut ainsi jusqu'à l'abolition de privilèges pendant la révolution française, mais rétablis plus tard avec la restauration des monarchies en Europe.

Les privilèges accordés par les rois faisaient l'objet d'un traitement particulier en justice pour le détenteur de privilèges, comme sujet de droit, qui devait bénéficier de dispenses du droit commun, soit lorsqu'il s'agit de l'obligation de laquelle il est dérogé, soit lorsqu'il s'agit du privilège de juridiction. Dans les deux cas, la qualité du sujet de droit précède l'examen du fond de la matière en cause devant une juridiction.

Ensuite, la reconnaissance par la loi du statut absolu du propriétaire sur les objets et à partir duquel se détermine le mode d'acquisition, d'aliénation ou de tout autre mode de cession et de transmission de la propriété, conditionne toute saisine devant une juridiction à la validité de cette qualité de propriétaire et à celle de l'auteur ayant la prétention à un droit revendiqué sur l'objet en cause.

Pendant toute la période de l'ancien régime en Europe, les rois attribuaient par voie de contrat les droits sur terres aux vassaux et ces derniers déléguaient ce pouvoir à leur tour aux autres vassaux, ainsi de suite. La Révolution française a aboli les privilèges, mais n'a pas touché au droit de la propriété.

En effet, l'acte constitutionnel des élus de 1789 de la Révolution française inscrivait, en ses articles 2 et 17 de la *Déclaration des droits de l'homme et du citoyen,* la prééminence du droit de propriété, droit naturel et imprescriptible au même titre que la liberté, la sûreté et la résistance à l'oppression. Il est ainsi aligné parmi les droits fondamentaux de citoyens et le Code civil de Napoléon en 1804 consacre ce droit de propriété comme une liberté fondamentale.

C'est donc une bonne façon de rendre justice que d'établir pour tout jugement, un primat de la qualité du propriétaire absolu, c'est-à-dire, celle du sujet de droit sur l'objet mis en cause, à la suite d'une prétention à un droit de propriété ou de sa contestation par une tierce personne. La justice se fondant sur le droit déterminait à travers la loi aussi bien le mode d'appropriation ou

[7]Claude – Joseph de Ferrière, *Dictionnaire du droit et pratique*, nouvelle édition, Vol 2, Paris, 1779.

d'acquisition, que celui d'aliénation, de cession ou de transmission de la propriété par succession ou par tout autre mode de cession.

Il s'est ajouté dans le monde libéral avec l'évolution ou l'extension de la propriété collective et celle d'intérêt général ou domaine public, le besoin de *réglementer l'usage de la propriété privée par rapport à la propriété collective, publique ou d'intérêt général. Toute législation en évolution devait distinguer et tenir compte du* régime de droit public qui régit le domaine public et le régime du droit privé, lesquels fixent les droits de propriété octroyés aux personnes physiques ou morales.

En droit comparé, dans les pays sous régime communiste, la réglementation de ce qu'on appelle « la propriété privée » ne présentait qu'un intérêt secondaire par rapport à la propriété collective ou des coopératives et la propriété socialiste dite étatique.

Dans ces régimes socialistes, « le droit de propriété était l'ensemble de règles ayant trait à l'appropriation des biens et au transfert du droit de propriété de ces biens, mais aussi, au mode de gestion de ces biens essentiellement de consommation et aux opérations juridiques les concernant, tandis que la propriété coopérative était sous régime du droit perpétuel d'usufruit et celle des biens de production étaient sous régime de gestion étatique »[8].

Cette conception de la propriété dans les pays socialistes se distinguait un peu de celle du monde libéral ci-dessus évoqué.

« Le droit qui lie une personne et une chose, le propriétaire et l'objet de la propriété n'est pas dans un rapport de subordination de l'un sur l'autre, mais plutôt un rapport de consubstantialité où l'un et l'autre se déterminent réciproquement, au point que l'appellation juridique de la propriété privée devenait « la propreté personnelle ».

La conception socialiste était fondée sur le fait que « la propriété devait être utilisée uniquement pour la satisfaction des besoins de son titulaire, selon la destination de son objet et non pour en tirer des revenus dans une perspective de spéculation ou d'exploitation ».[9]De droit et de fait, le sujet de droit sous régime communiste ne revêtait plus cette primauté sur l'objet de droit, car « c'est plus ce dernier qui déterminait le statut juridique du sujet, lequel pouvait être individuel, collectiviste ou étatique ».[10]

---

[8] K. STOYANOVITCH, *Le régime de la propriété en URSS, LGDJ, 1962 ; V. Knapp, Proprerty and trust, Socialist countries, International Encyclopedia of Comparative Law, vol. VI,* chap.2, pp.35-67.

[9] A. IONASCOETT.IONASCO, *La propriété personnelle en droit socialiste, In recueil d'études en Hommage à Marc Ancel, vol.1,* 1975, pp.141 – 150.

[10] Réné DAVID, Camille JAUFFRET-SPINOSI et Marie GORÉ, *Les grands systèmes de droits contemporains,* 12ème Édition, Dalloz, Paris, 2016, p.195.

Si un objet était en cause litigieuse devant une juridiction, celle-ci devait savoir prioritairement quel est le statut juridique de l'objet pour recouvrer le droit du titulaire suivant trois régimes juridiques différents : « le droit de jouissance personnelle avec interdiction de spéculation ou d'exploitation capitaliste ; le droit de concession usufruitière sans droit réel et avec obligations d'accomplir certaines prestations pour l'État ; le droit de propriété et de gestion de l'État pour le capital fixe (sol, bâtiments, infrastructures et machines) inaliénables et pour le capital circulant (matières premières et produits marchands) aliénables. Pour la propriété étatique, le peuple ou la nation en était le titulaire et l'État était le représentant provisoire du peuple ou de la nation ».[11]

Il s'entend bien en toute logique que si la qualité à agir détermine la procédure, mais cette dernière n'est engagée que sous condition du statut juridique de l'objet ou du fond litigieux. Cet équilibre juridique permet, par exemple, aux victimes d'exploitation capitaliste ou aux victimes d'expropriation de terres, en tant que demanderesse en justice de fonder leur prétention sans qu'il leur soit privé de la qualité à agir, à cause de détails procéduraux, dont elles ignorent souvent l'existence ou la pertinence lors de la présentation des requêtes.

Par contre, la pratique judiciaire courante dans le monde libéral jusqu'aujourd'hui, fait prévaloir, grâce à la coutume, le primat du sujet de droit sur l'objet, qui est le fond du droit. Cette pratique s'impose comme une justification de la bonne conduite et de la bonne façon de rendre justice. Pour que la justice soit bien dite, il faut poser le préalable de la qualité du sujet de droit comme condition de recevabilité pour toute cause soumise devant une juridiction judiciaire.

C'est une tare moyenâgeuse ou médiévale, que même dans les temps modernes, on n'arrive pas à s'en défaire. Car, même aujourd'hui, tout comme le monarque d'hier, le détenteur de la propriété terrienne ou du capital est le vrai sujet du droit, sans lequel l'objet ou le fond de droit ne peut être examiné et donc ne peut exister sans que le requérant n'en ait qualité.

Si on se transpose dans ces temps anciens, les sujets du roi, les vassaux du noble et les esclaves n'avaient qualité à agir en justice que par leurs suzerains, seigneurs et maitres. Il en est de même de leur intérêt à agir qui dépendait de celui de leurs correspondants hiérarchiques.

Comme hier, on comprend que la seule bonne manière de bien dire le droit est celle qui consistait à rendre justice en faveur du roi, du seigneur et du maître d'esclaves ayant qualité et intérêt à agir sur toutes les matières soumises en justice. La subtilité qui consiste à exiger cette qualité et cet intérêt à agir avant

---

[11] *Idem ;* p. 196.

d'examiner le fond ne vise principalement qu'à exclure du droit, tous ceux qui sont victimes des injustices par le fait de leur statut de subordination.

C'est ce fondement idéologique de la primauté du sujet de droit sur l'objet litigieux, qui justifie l'asservissement social, la suprématie économique et la domination politique des nantis sur les démunis ci-haut décrits. Ces derniers sont ainsi privés de toute possibilité à agir en justice et à défendre leurs droits.

Il est dès lors logique qu'en droit judiciaire traditionnel et moderne, la cause en justice ne peut être entendue et rendue que si le sujet ayant la prétention à un droit sur une matière litigieuse justifie de sa qualité à agir et de l'intérêt qu'il porte sur celle-ci. Et, cette justification de qualité et d'intérêt incombe principalement à la partie demanderesse et de manière subordonnée à la partie défenderesse.

Avec l'avènement de juridictions spéciales de dernier ressort et sans autre recours, c'est-à-dire, portant sur le jugement définitif, ce principe de primauté du sujet de droit subjectif sur le droit substantiel devrait s'ouvrir à l'exception d'ordre pratique. Puisque pour une juridiction, dont les arrêts rendus sont obligatoires et ne peuvent faire l'objet d'un quelconque recours, il y a lieu de se poser la question de savoir si la seule et bonne qualité du sujet de droit suffit à éteindre l'objet en litige.

En République Démocratique du Congo, il est particulièrement évident que la procédure judiciaire comme celle devant la Cour constitutionnelle, l'unique et spéciale juridiction, mériteraient davantage que l'objet en cause ne reste pas irrésolu. Il s'agit principalement de matières faisant l'objet du contrôle de constitutionnalité en action et en exception d'inconstitutionnalité.

Il en est de même des requêtes en interprétation de dispositions constitutionnelles et celles relatives à l'examen des résultats électoraux ou de leur proclamation qui sont concernées par cette évidence sur la nécessité de leur trouver des solutions judiciaires. Dans une moindre mesure, mais aussi recommandable, les requêtes relatives au règlement des conflits de compétence entre l'État et les entités ou les institutions politiques entre elles, au règlement des contentieux liés à la mise en cause du Président de la République ou du Premier Ministre, doivent également être judiciairement résolus.

Toutes ces matières qui constituent les essences substantives mêmes des litiges, des contentieux ou des conflits ne peuvent être éteintes en droit par la seule qualité bien requise des sujets requérants. Puisque la recevabilité ou l'irrecevabilité de la requête n'apporte aucune contribution substantielle à l'épreuve de faits justificatifs menant à la résolution du contentieux. Cela ressemble parfois même aux yeux du requérant ou de plusieurs justiciables comme un détail dilatoire pour repousser l'issue d'une cause litigieuse.

Après la coutume, je signale en outre la philosophie morale comme source du droit positif.

5.2. La philosophie morale

En ce qui concerne la seconde source relative à la philosophie morale du droit, le courant de pensées du siècle des Lumièresa également privilégié le primat du sujet de droit sur l'objet en prenant pour fondement la notion de la transcendance divine ou celle de l'immanence humaine du sujet de droit sur l'objet mis en cause.

Il s'agit d'une double hypothèse qui suppose que c'est Dieu ou c'est l'homme qui soit le fondement de la justice morale et vertueuse. Ainsi, pour recouvrer ses droits en justice, le sujet de droit se soumet soit à la transcendance de la loi divine, c'est-à-dire, celle de Dieu qui se situe au-delà de la conscience humaine soit à l'immanence de la loi humaine à l'intérieur de chaque conscience morale et vertueuse du sujet de droit.

Pour mieux cerner la différence entre la transcendance divine et l'immanence humaine en justice, on peut recourir à deux concepts marquants de l'époque des Lumières : « d'une part, celui de la légitimité d'une instance transcendante divine investie de l'autorité de restaurer l'ordre social contre les facteurs d'érosion, de corrosion et de corruption, généralement appelée justice corrective et, d'autre part, celui de l'immanence de la justice humaine répondant au besoin de se soumettre à l'autorité et à la responsabilité de l'administration de la justice en faveur du juste, sur base de la vertu, ainsi qu'à celui de l'établissement de causes à effets d'une même réalité »[12].

La thèse dominante de la philosophie morale qui se dégage à travers différents points de vue de la pensée juridique après celle dominée par le droit divin est « celle qui s'éloigne de l'idée d'un ordre naturel des choses voulu par Dieu et qui fonde la construction de tout ordre social sur la considération de l'homme et l'exaltation des droits naturels de l'individu, dérivant de la personnalité même de chaque sujet. L'idée du droit subjectif va désormais dominer la pensée juridique ».[13]

Cette école de droit naturel récuse « l'ancienne conception d'un ordre tenant à la volonté divine ou à la nature même des choses, au profit de celle qui rapporte toute règle à l'homme considéré comme seule réalité existante sous règne de la raison. La raison de l'homme est appelée désormais à devenir le seul guide et les règles de droit ne peuvent être appliquées que lorsqu'elles ne sont pas contraires à la raison, à la justice, aux sentiments et nécessités de la société ».[14]

---

[12] Frédéric LAUPIES, *Justice transcendance et justice immanente,* PUF, Paris, 2017, pp.5-8.
[13] Réné DAVID, Camille JAUFFRET-SPINOSI et Marie GORÉ, *Op. Cit, p. 36.*
[14] *Idem.*

Le droit devient, selon le droit naturel, l'œuvre de la raison sortie de l'immanence humaine pour le besoin de la justice, au motif que la cause immanente de l'effet est l'homme. Et que c'est le sujet de droit qui donne forme aux différents types d'objets en cause.

La prédominance de l'homme sur l'objet est celle de l'auteur magister qui formate tout objet en lui donnant sa valeur possessive, marchande, usuelle ou utilitaire, y compris pour les objets immatériels relevant de l'art, de la culture, de la croyance religieuse, du désir freudien ou de toute autre passion mondaine. Ainsi, l'organe de la loi chargé de l'administration de la justice s'adresse au sujet du droit pour dire le droit sur le fond ou l'objet en cause.

La thèse morale la plus prégnante est celle de la vertu sur le vice. Tout litige ne provient que du vice, dont l'homme vertueux n'en est que la victime. L'homme vicieux ne peut donc être entendu en justice que lorsque la victime l'aura été avant lui. En accordant la priorité au demandeur en justice pour faire entendre sa cause ou la raison de sa prétention est un droit de primeur requis au vertueux sur le défendeur vicieux. Ce dernier est l'auteur de tout contentieux, sans lequel, il n'y aurait que de la vertu sur terre.

Le vol, l'adultère et le meurtre ne sont que l'œuvre de l'homme vicieux contre la victime vertueuse. Alors se demandent les moralistes du droit, comment aurait-on pu imaginer entendre en justice le voleur, l'auteur de l'adultère et du meurtre avant qu'on ait écouté la victime ? Car, de la défense en justice ne sort que du mensonge, l'expression verbale du vice.

Dans cet entendement, le juge, avant d'analyser tout litige sur le fond, doit savoir si les conditions légales de l'existence de l'action sont réunies, c'est-à-dire, la qualité et l'intérêt à agir et si les délais de prescription, ainsi que toutes les autres formes requises aient été respectés pour déclarer la demande recevable.

Comme dans les temps anciens, la recevabilité d'une demande est déjà un avantage de droit accordé au premier plaignant. Et, l'irrecevabilité est réservée au mauvais plaignant qui n'a ni nom de noblesse ni domicile et parfois rebelle à son roi, à l'autorité, à son seigneur ou à son maître.

Il apparaît donc évident pour les moralistes du droit que le procès en justice pour dire le droit fasse d'abord ressortir la qualité du sujet, ainsi que l'intérêt à agir sur l'objet en cause et ensuite se prononcer sur le fond ou le contenu en fonction de moyens présentées par la partie demanderesse et éventuellement de moyens de remise en cause de la prétention par la partie défenderesse.

Cette primauté du droit subjectif processuel sur l'objet dans toute action en justice, est la bonne énigme juridique que traîne encore aujourd'hui la justice moderne. Car, quand bien même la condition de la recevabilité pour engager le procès est acceptée comme norme de droit, il aurait été bien sûr plus logique que « l'auteur de l'action ou de l'exception en justice ait le droit d'exposer sa prétention et qu'il soit entendu sur le fond de celle-ci, afin que le juge la dise bien ou mal fondée »[15].

Il est donc supposé et à juste titre, qu'en se conformant à ce primat dans son rôle de dire le droit prioritairement par la qualification du sujet de droit, le juge n'agirait ainsi que pour prendre protection des prétentions des privilégiés sur les affaires en cause. Cela veut dire que la justice leur accorde gracieusement avantage par rapport aux autres sur les matières soumises devant la juridiction, en confirmant par acquis de coutume ou de faveur, leurs prétentions en droit, mais rarement pour dénier leur droit face aux parties adverses.

A la première vue, cette primauté qu'accordent les moralistes au sujet de droit sur l'objet paraît neutre pour tous les requérants, dont, semblerait-il, il leur aurait été exigé indistinctement les mêmes règles et conditions de procédure. Mais, au fond de la question, ceux qui disposent suffisamment de moyens pour se procurer les prestations d'un bon conseil-avocat et autres frais d'instance pourraient mieux répondre aux exigences de la procédure judiciaire et celles de l'examen du fond au procès que ceux qui en sont démunis.

Ainsi, de droit et de fait, tous les justiciables ne se présentent pas en justice sur même pied d'égalité pour bénéficier de la procédure autant que du fond de la même manière. Et l'insistance des juridictions judiciaires à ne pas examiner le fond d'un contentieux sans que le requérant ne soit en règle avec la procédure n'est pas à l'avantage de tous les justiciables. En tout cas, ceci n'est pas à l'avantage ni au bénéfice de moins lettrés ou de moins nantis et au pire de plus démunis.

La morale du droit comme deuxième source explicative de la primauté du droit subjectif sur le droit objectif semble ainsi dans notre étude mettre la vertu du juste nanti et privilégié au service du vice et de l'immoral et inversement le vice du plaignant démuni serait au service de la vertu et de la bonne cause en vraie justice du bon et du juste.

Épistémologie phénoménale ou le pragmatisme transcendantal

Est aussi une source du droit positif que je le rappelle dans le point suivant.

5.3. Épistémologie phénoménale ou le pragmatisme transcendantal

La troisième source du droit judiciaire se rapporte à l'épistémologie phénoménale ou le pragmatisme transcendantal développé par l'école allemande de Francfort, dont deux auteurs ont marqué son prestige. Il s'agit de Karl-Otto Appel pour sa théorie sur la communauté argumentative et celle de Jürgen Habermas sur l'Agir communicationnel.

---

[15]Gérard CORNU et Jean FOYER, *Procédure civile*, 3eme Ed. PUF, Paris, 1996, pp. 264-265.

Grâce aux acquis d'Emmanuel Kant sur la philosophie transcendantale de la conscience du sujet solitaire, Karl-Otto Apel a élargi cette dernière « en philosophie de la communauté argumentative comme une substitution de l'intersubjectivité entre sujets interlocuteurs. Il s'agit donc d'une théorie postkantienne de la raison pratique entre subjectivité et objectivité, qui se retrouve dans une problématique d'intersubjectivité au sein d'une communauté en communication ou de la communauté argumentative »[16].

Dans cette pensée de Karl-Otto Apel, la raison instrumentale ne désigne en premier lieu ni une faculté subjective ni une entité objective, mais un rapport de réconciliation entre le sujet et l'objet, quels que soient, par ailleurs, le sujet et l'objet concernés. La raison formelle instrumentale ne peut se valider que dans la communauté en communication et en dehors de celle-ci, la raison est seulement herméneutique et sans valeur sociale.

Les principes du juste et du moralement bon soutenus par la raison instrumentale wébérienne (système de marché ou système d'État) sont sous-jacents à « la capacité des hommes à déterminer volontairement et consciemment les relations sociales et revitaliser l'espace public, particulièrement l'institution judiciaire, en tant que médiateur actif entre la société civile et le sous-système politique »[17].

Le nouveau débat sur la raison instrumentale de Max Weber est celui qui cherche à déterminer la relation fondamentale entre le sujet et l'objet dans l'action. Cette relation peut aussi bien expliquer la consubstantialité entre les deux que l'intersubjectivité entre les sujets dans une action pouvant conduire soit aux effets inattendus d'irrationalité soit à une rationalisation.

La consubstantialité est utilisée dans le concept d'identité entre ce qui est généré et ce qui génère. Deux approches se distinguent pour expliquer cette relation du sujet et de l'objet dans la recherche scientifique et dans la pratique sociale. Pour le premier, il s'agit de la relation entre le chercheur et l'objet théorique, laquelle se réalise par l'objectivation des faits par le sujet. Dans la pratique sociale, l'objet empirique se présente au sujet comme une manifestation indépendante, mais qui conditionne son action ou sa réaction selon l'intérêt qu'il y trouve.

Certains auteurs soutiennent qu'il y a une différence entre les objets empiriques et les objets théoriques, car, quand bien même les uns et les autres sont construits respectivement par les sujets en vue de la fabrication, du

---

[16] Karl-Otto APEL, "Kommunikationsgemeinschaft alstranszendentale Voraussetzung der Sozialwissenschaften", *in: Neue Hefte für Philosophie*2/3,1972, pp.1-40; repris dans Karl-Otto APEL, *Die Transformation der Philosophie,* II volumes, Francfort-sur-le-Main, Suhrkamp, 1973, pp. 220-263 et dans sa version française, Karl-Otto APEL, *Transformation de la philosophie,* vol.1, Éditions du Cerf, Paris, 2007.

[17] Frédéric VANDENBERGHE, *Une histoire critique de la sociologie Allemande. Tome 2: Horkheimer, Adorno, Marcuse, Habermas, Ed. la* Découverte, Paris, 1998, p. 175.

formatage ou du modelage des objets (effectifs) pour le besoin ou pour le désir humain et par les sujets selon une perception de la réalité des objets (réels), ils restent distincts les uns et les autres.

Jean Piaget estime que « c'est commettre une grave erreur épistémologique que de confondre objets empiriques et objets théoriques, car les premiers relèvent du monde vécu et les autres s'articulent ou se déclinent dans le monde d'idées ou de réflexion en fonction de points de vue cognitifs ou théoriques (sujet épistémique). Et, confondre les deux renvoie toute ambition scientifique soit à l'impuissance soit à l'inanité »[18].

Mais, en sciences comme en monde vécu, la question essentielle est posée par Piaget en ces termes : « peut-on avoir connaissance de faits humains ou sociaux qui ne soit pas pervertie par la consubstantialité du sujet et de l'objet ? Cette question provient de ce que de tels faits font nécessairement l'objet de jugements de valeurs, dans la mesure où leur existence, leur évolution et leur connaissance constituent des enjeux souvent cruciaux pour certains acteurs individuels, le plus souvent collectifs »[19].

Pour subsumer cette consubstantialité, il faut la considérer dans la problématique générale de la place du sujet et de l'objet dans le processus cognitif et celui d'agir.

Si nous nous plaçons dans la problématique de l'agir, nous devons alors nous poser la question de savoir si par rapport à l'objet, le sujet agit toujours par rationalité pour justifier le caractère intrinsèque et autonome de son action, c'est-à-dire, indépendamment de l'objet.

Karl R. Popper répond à ce sujet avec modération et circonspection. En effet, selon lui, « dans la plupart des situations sociales - sinon dans toutes - il y a un élément de rationalité. De l'aveu de tous, les êtres humains n'agissent presque jamais d'une façon tout à fait rationnelle (c'est-à-dire, comme ils feraient usage de toutes les informations disponibles pour atteindre toutes les fins qu'ils peuvent se proposer), mais ils n'agissent pas moins d'une façon plus ou moins rationnelle ; aussi devient-il possible de construire des modèles comparativement simples de leurs actions et interactions, et utiliser ces modèles comme des approximations »[20].

Si les faits sociaux en objet empirique sont construits en modèles d'approximation, leur rationalité ne peut être globale et complète de manière immédiate ou instantanée. Dans ce cas, le va-et-vient du sujet à l'objet et inversement justifie cette consubstantialité entre les deux et c'est sur cette considération que Max Weber soutient qu'il se produit alors soit des effets

---

[18]Jean PIAGET, *Épistémologie des sciences de l'homme et Études sociologique,* Droz, Genève, 1965

[19]*Idem*

[20] Karl R.POPPER, *Misère de l'historicisme (1944-45)* Plon, Paris, 1988, p.117.

inattendus soit une rationalisation progressive. Et, dans les deux cas, le sujet et l'objet se tiennent en consubstantialité.

Merton distingue cinq raisons de l'apparition des conséquences inattendues. « La première est l'ignorance puisqu'aucun acteur ne dispose d'une information parfaite. La seconde est l'erreur qui peut concerner aussi bien l'évaluation de la situation que l'usage que nous en faisons pour définir l'objectif ou la sélection du type d'action à exécuter et enfin l'exécution de l'action. La quatrième renvoie aux valeurs de perception et d'application au sens wébérien de «jugements de valeurs : werturteil »[21]. La cinquième et dernière raison est la prédiction qui s'autodétruit. La prédiction marxienne de la concentration progressive des richesses et la paupérisation des masses, par exemple, a influencé les actions menées par les syndicats pour réduire cette paupérisation sinon pour l'éliminer. La conséquence est qu'elle n'a pas eu lieu contrairement à la prédiction »[22].

Les conséquences inattendues des actions conduites en fonction de valeurs et dont « l'antagonisme est inévitable conduit à un certain relativisme de points de vue, que Max Weber propose comme un compromis et une solution dans la mesure où il est le minimum indispensable si l'on veut vivre en commun. Il faut se décider « selon le principe du moindre mal ou celui du relativement meilleur »[23].

Ainsi, l'énigme des conséquences inattendues signifie que la rationalité de l'action du sujet n'est pas absolue et donc la science du sujet reste toujours une approximation qui s'améliore en rapport avec la meilleure saisie de l'objet. Et donc, même en sciences juridiques, la saisie de l'objet empirique et l'approche d'objectivation de l'objet théorique ne peut être dissocié de droit et de fait du sujet égocentrique ou du sujet épistémique.

Aussi, « les sciences humaines, particulièrement, les sciences juridiques qui s'estiment souvent obligées de faire la science du sujet pour pouvoir faire celle de leurs objets, ne peuvent que démontrer clairement qu'elles restent encore en partie engluées dans la phase préscientifique de leur histoire »[24]. Car, toutes les sciences d'objectivation ne peuvent ignorer la consubstantialité du sujet et de l'objet aussi bien dans la validation théorique des hypothèses que dans la saisie rationnelle de faits ou des phénomènes sous examen.

---

[21]Max WEBER, (1922*a*), *Gesammelte Aufsätzezur Wissenschaftslehre. Trad.fr. Essais sur la théorie de la science,* Plon, Paris, 1965, pp.154 - 176

[22]*R. K.* MERTON *(1936), «* The Unanticipated Consequences of Social Action», reprising R.K. MERTON, *Sociological Ambivalence and Other Essays,* New York, TheFreePress,1976

[23] Max Weber, (1919), Wissenschaft als benif, Trad. Fr. La science *comme profession, in* Max WEBER, *Gesammelte politische Schriften,* Tübingen, Mohr. Trad. fr. *Partielle, Le savant et le politique,* Plon, Paris, 1959, p.99.

[24]Max WEBER, *L'objectivité de la connaissance dans les sciences et la politique sociale. Essais sur la théorie de la science,* Plon, Paris, 1965, pp. 154-176

Jürgen Habermas va améliorer cette consubstantialité en intercompréhension par la rationalisation de l'Agir et particulièrement de l'Agir communicationnel. Il affirme que pour réduire les conséquences inattendues des actions conduites par le sujet, « la volonté à l'Agir communicationnel, par laquelle l'homme rationnel et relationnel agit, devrait se fonder sur le principe du juste et dans une moindre mesure sur le principe moral se plaçant toujours dans la perspective d'une médiation concrète. Celle-ci lui permet de chercher l'entente mutuelle sur une base de l'éthique minimale dans tous les cas où les problèmes peuvent être équitablement réglés en fonction de l'intérêt de toutes les personnes concernées »[25].

Le primat du sujet du droit sur le fond dans la procédure judiciaire répond à cette volonté à Agir du sujet de droit, aussi bien pour la motivation que pour la finalité de l'action et dont l'objet n'est que la manifestation de cette volonté à Agir du sujet. Selon cette conception de l'Agir communicationnel, « tout ce qui est juste appelle immédiatement la relation à l'autre, tandis que ce qui est bon ne concerne que le sujet seul. Et, c'est le sujet en communication illocutoire qui détermine l'action et la finalité de l'objet »[26].

La thèse principale de Jürgen Habermas peut être simplement rendue de la manière suivante : « deux individus ou plus tendent à rendre compte réciproquement d'un aspect de leur monde vécu par des actes illocutoires supposés couvrir la vérité, la justesse et la véracité, comme trois moteurs pouvant mener à agir. De cette communication, ils tirent des définitions communes qui leur permettent d'agir et de résoudre le problème qui se posait à eux ».[27]

La volonté et la capacité à Agir commande donc un esprit de dialogue ou d'intercompréhension et une reconnaissance de l'État de droit comme une puissance publique médiatrice entre les sujets de droit sur un objet ou un fond litigieux soumis au préalable à la qualité des premiers, sans lequel aucune justice ne peut être rendue. D'où, la nécessité impérative d'analyser la qualité et l'intérêt du sujet de droit par rapport à l'objet avant de connaître le fond litigieux ou contentieux, pour que lui soit appliqué le principe du juste prioritairement et celui du moral subsidiairement.

Ainsi, l'issue transcendantale du droit s'obtient par l'inter-subjectivité communicationnelle entre les sujets de droit, aussi bien pour la légalité que pour la légitimité de la force d'application du droit dans la société. Et donc, rendre

---

[25] Jürgen HABERMAS, *Théorie de l'Agir communicationnel, Rationalité d'agir et rationalisation de la Société, Tome I,* Fayard, Paris, 1987

[26]*Jürgen* HABERMAS, *Moralbewusstsein und Kommunikatives Handeln,* Frankfurtam Main: Suhrkamp, 1991, pp29-*42* ; Traduite et Interprétée en français par Christian BOUCHINDHOMME, *Morale et Communication. Conscience morale et activité communicationnelle,* Ed. du Cerf, 1983, Paris, pp.192-196.

[27]*Idem*

justice en droit concerne principalement les sujets à l'Agir communicationnel qui acceptent ce médiateur actif, qui est l'institution judiciaire pour la résolution des conflits d'intérêt dans la société. D'où, le primat du sujet de droit sur l'objet, sur le fond du litige ou sur le contentieux devant la juridiction.

Avec Kant, les impératifs pour l'action constituent une source du droit positif.

5.4. Kant et les impératifs pour toute action

Au regard de ces trois sources de droit judiciaire, il subsiste, selon la pensée d'Emmanuel Kant, une matière essentielle et relationnelle qui n'est pas prise en compte. Il s'agit notamment de celle de la détermination des impératifs pour toute action.

Si la forme du droit en rapport avec la qualité et l'intérêt du sujet de droit à agir est ''un impératif hypothétique'', alors que le fond ou l'objet du droit est un impératif catégorique, lequel est appelé à être obligatoirement résolu, pourquoi privilégierait-on alors « l'impératif hypothétique » par rapport à ''l'impératif catégorique'' pour résoudre les conflits d'intérêt dans la société ?

L'élément fédérateur pour les études socio-politiques de droit, surtout dans le monde anglo-saxon c'est probablement « l'affirmation, selon laquelle, le droit est un phénomène social qui se doit d'être étudié en dehors de la dogmatique de la règle. Puisqu'au-delà des normes, il y a les structures institutionnelles, les processus, les comportements individuels ou collectifs qui déterminent les rapports entre le sujet de droit et l'objet de droit »[28]. Aussi, on aurait mieux fait de déclarer irrecevables, pour défaut de qualité du sujet de droit, toutes les requêtes soumises à la justice, on n'aurait pas pour autant vidé les litiges ou les contentieux qui surgissent entre les sujets de droit dans une société en rapport avec ces derniers.

Que conclure du premier chapitre ?

Conclusion du chapitre

Il sera davantage pernicieux si le recours à cette primauté du sujet de droit sur le fond devient une manière sublime de protéger les prétentions du premier par esquive judiciaire ou par forfaiture politique face aux besoins pressants de justice ressentis surtout par les moins nantis en connaissance de droit ou en moyens de défense.

C'est au sujet de cet entendement différencié entre l'impératif hypothétique du sujet et l'impératif catégorique de l'objet que je consacrai les questionnements sur les procédures engagées lors des requêtes introduites devant la Cour constitutionnelle. En effet, cette dernière étant instituée comme

[28]Richard L. Abel, « What We Talk About When We Talk About Law», *in R.L.* ABEL *(ed), The Law & Society Reader,* New York et Londres, New York University Press, 1995, p.1.

dernière instance pour la résolution judiciaire des matières constitutionnelles relevant de sa compétence, où pourrait-on trouver, en dehors d'elle, des solutions aux conflits résultant de violations courantes de la Constitution soulevées par les Institutions, par les communautés et par les citoyens ?

Car, contrairement aux juridictions inférieures, où il est offert aux requérants les possibilités des voies de recours, les arrêts de la Cour constitutionnelle sont, de manière générale, d'application obligatoire et définitivement exécutoire, c'est-à-dire, sans aucune autre voie de recours.

Ainsi, en évacuant les requêtes pour irrecevabilité par défaut de procédure devant la Cour, le contentieux lui soumis reste irrésolu surtout pour des matières sans prescription extinctive, dont celles relatives à la violation de la Constitution et particulièrement celles portant atteinte aux libertés et aux droits fondamentaux des citoyens.

J'ai retenu au niveau de la Cour constitutionnelle six procédures qui méritent d'être étudiées pour illustrer nos préoccupations pertinentes sur la primauté de la procédure en droit par rapport au fond de la matière en cause devant cette haute Cour.

Il s'agit de la procédure de saisine devant la Cour constitutionnelle, de la procédure du contrôle de constitutionnalité en action et en exception devant la Cour constitutionnelle ainsi que des recours contre les arrêts rendus par la Cour de cassation et le Conseil d'État sur l'attribution du litige aux juridictions d'ordre judiciaire ou administratif, de la procédure pour les contentieux électoraux, de la procédure de l'intervention volontaire, de la tierce opposition et du désistement devant la Cour constitutionnelle, de la procédure de la déclaration du patrimoine familial devant la Cour constitutionnelle, ainsi que de la procédure de prise de ses décisions et celle d'exécution de ses arrêts.

La procédure de saisine devant la cour constitutionnelle est l'objet du second chapitre.

Chapitre 2
La procédure de saisine devant la cour constitutionnelle

La procédure de saisine est l'ensemble de dispositions et exigences juridiques par lequel un sujet de droit introduit une requête pour un procès devant une juridiction judiciaire sur une matière litigieuse, dont il a la prétention d'en avoir gain de cause. En face de la partie demanderesse se trouve la partie défenderesse visant à faire échec à tout ce qui fait l'objet à ladite prétention de son adversaire. La procédure de saisie couvre toute justification par la qualité du sujet de droit, ainsi que son intérêt lié à l'objet en cause.

Les mentions substantielles de l'assignation sont déterminées par l'article 2 du Code de Procédure Civile congolais et doivent comporter les noms, profession et domicile du demandeur, ainsi que les motifs ou l'objet y compris les moyens de la demande et les noms avec demeure du défendeur.

Si les dispositions de ce Code de Procédure Civile insistent également sur l'identification du défendeur, l'article 27 du Règlement intérieur de la Cour constitutionnelle, n'en fait pas mention. Mais, il est fait exigence pour l'assignation d'indiquer le tribunal où la demande a été portée, ainsi que le lieu, le jour et l'heure de la comparution et pour le requérant de fournir une procuration spéciale au cas de sa représentation au procès.

Je parle de la qualité à agir devant la Cour constitutionnelle.

1. La qualité à agir devant la cour constitutionnelle

La qualité pour agir en justice se présente comme le titre ou la qualification auxquels sont attachés dans certaines actions en justice, le droit d'agir en justice, lequel est exigé sous peine d'irrecevabilité devant la juridiction. Cette qualité résulte soit de la qualité requise par la loi, soit de la nature de toutes les actions ouvertes à tout intéressé en prétention à un droit sur un objet devant une juridiction.

La loi attribue la qualité pour agir à certaines autorités politiques qui représentent les institutions, ainsi qu'à certaines juridictions et personnes physiques ou morales sur des matières couvrant la compétence des juridictions judiciaires devant lesquelles elles soumettent leurs demandes en justice.

Devant la Cour constitutionnelle de la République Démocratique du Congo, la Constitution a déterminé ceux des requérants autorisés à la saisir pour le contrôle de constitutionnalité des lois et des actes ayant force de loi, ainsi que pour leur conformité à la Constitution et pour tout recours en interprétation de la Constitution.

Elle a aussi déterminé les sujets de droit qui sont autorisés à engager l'État pour la mise en accusation du Président de la République et du Premier Ministre, tels qu'énoncés respectivement par les alinéas 1 et 2 de l'article 166 de la Constitution.

Les requêtes en recours contre les arrêts rendus par la Cour de cassation et le Conseil d'État sur attribution du litige aux juridictions de l'ordre judiciaire ou administratif et pour exception d'inconstitutionnalité ne sont déclarés recevables devant la Cour constitutionnelle que lorsqu'ils sont soumis à la procédure déclinatoire engagée par des juridictions concernées, et respectivement énoncés par l'alinéa 4 de l'article 161 et l'alinéa 4 de l'article 162 de la Constitution congolaise.

Cependant, toute personne peut saisir la Cour constitutionnelle en action pour inconstitutionnalité de tout acte législatif ou règlementaire conformément à l'alinéa 2 de l'article 162 de la Constitution.

La Constitution de la République Démocratique du Congo distingue huit différentes catégories de requérant, selon le mode d'initiation du procès en action ou en exception sur des matières litigieuses soumises à la Cour constitutionnelle.

La première catégorie comprend les autorités politiques reconnues par l'alinéa 3 de l'article 160 de la Constitution pour des requêtes en action devant la Cour constitutionnelle portant sur des matières d en contrôle de constitutionnalité des lois avant leur promulgation, et celui des actes ayant force de loi avant leur mise en application. Il s'agit, notamment, du Président de la République, du Premier Ministre, du Président de l'Assemblée Nationale, du Président du Sénat ou le dixième des députés et des sénateurs.

La deuxième catégorie est celle des requérants devant la Cour constitutionnelle pour des recours en interprétation de la Constitution, dont la qualité est reconnue par l'alinéa 1er de l'article 161 de la Constitution au Président de la République, au Gouvernement, au Président du Sénat, au Président de l'Assemblée Nationale, au dixième des membres de chacune des Chambres parlementaires, aux Gouverneurs de Province et aux Présidents des Assemblées provinciales.

La troisième catégorie couvre les requérants au contentieux des élections présidentielle, législatives, qui sont, en toute évidence, les candidats déclarés et engagés aux dites élections correspondantes ou leurs mandataires, les formations politiques respectives, conformément à l'alinéa 2 de l'article 161 de la Constitution.

Les requérants à qui revient l'initiative du referendum de la révision constitutionnelle font également partie de cette catégorie en vertu de l'article 218 de la Constitution. Il s'agit, notamment, du Président de la République, du Gouvernement après délibération en conseil des ministres, à chacune de deux chambres du parlement à l'initiative de la moitié de ses membres, a une fraction du peuple congolais, en l'occurrence 100000 personnes s'exprimant par une pétition adressée a l'une de deux chambres.

La quatrième catégorie renferme les requérants concernés par les conflits de compétences entre le Pouvoir exécutif et le pouvoir législatif, ainsi qu'entre l'État et les provinces, qui sont, selon le cas, les représentants de ces institutions, notamment, le Président de la République, le Gouvernement après délibération au conseil des ministres, le Président de l'Assemblée nationale ou le Président du Sénat et les Gouverneurs de province, selon l'alinéa 3 de l'article 161 de la Constitution.

La cinquième catégorie concerne les requérants qui sont les juridictions en recours devant la Cour constitutionnelle contre les arrêts rendus par la Cour de Cassation et le Conseil d'État par procédure déclinatoire engagée sur l'attribution du litige aux juridictions, dont les compétences sont mises en cause entre celles d'ordre judiciaire ou administratif aux termes de l'alinéa 4 de l'article 161de la Constitution.

La sixième catégorie de requérants est celle regroupant la majorité de deux tiers des membres du Parlement constitué en Congrès pour la décision de poursuites et de mise en accusation du Président de la République et du Premier Ministre devant la Cour constitutionnelle conformément à l'alinéa 1er de l'article 166 de la Constitution.

La septième catégorie des requérants renferme tous les citoyens qui sont en droit de saisir la Cour constitutionnelle pour inconstitutionnalité de tout acte législatif ou réglementaire aux termes de l'alinéa 2 de l'article 162 de la Constitution.

La huitième catégorie est celle réservée aux juridictions, dont les exceptions d'inconstitutionnalité ont été soumises et pour lesquelles il leur est fait obligation de saisir la Cour constitutionnelle toutes affaires cessantes, conformément aux alinéas 2 et 3 de l'article 162.

Pour toutes ces catégories énumérées, une requête peut être déclarée irrecevable par le fait de mauvaise procédure et en conséquence, elle ne peut bénéficier de l'examen du fond. C'est ici que se pose mon premier questionnement sur la primauté de la procédure judiciaire dans l'examen d'une requête devant une juridiction. Car, en toute logique et en bon droit, toute cause soumise au jugement constitue un objet de droit, dont la résolution s'impose comme objectif primordial de toute juridiction du pouvoir judiciaire pour la sauvegarde de la sécurité juridique des citoyens et pour le maintien de l'ordre public, ainsi que pour la sauvegarde de la paix sociale et civile.

En effet, toute cause entendue devant une juridiction judiciaire est censée être résolue par un jugement pour régler les litiges ou les conflits d'intérêts entre les citoyens, entre ces derniers et l'État, entre les Institutions de l'État ou entre les entités territoriales et l'État et particulièrement sur les matières en cause devant la Cour constitutionnelle.

Mais, si la procédure de saisine, en elle seule, peut empêcher la résolution judiciaire sur une matière litigieuse de fond et pourrait-on alors être en droit de penser que ce dernier peut se prévaloir d'autres voies extra-judiciaires pour faire aboutir sa cause ? Et dans ce cas d'espèce, à quoi aurait servi une Cour de si haute portée politique chargée de garantir la sécurité juridique des citoyens en démocratie et d'assurer la paix sociale dans un État de droit ?

Quelques avancées évolutives sont observées sur la question de savoir si la procédure en irrecevabilité ne conduit pas à l'absence de droit. Sur ce point précis, certains codes de procédure civile ont tenté de répondre à cette préoccupation, mais avec précaution, sur certaines pistes de solutions.

Ainsi, par exemple, le Code de Procédure Civile du Québec, dans son article 165 dispose que le défendeur peut opposer l'irrecevabilité de la demande et conclure à son rejet : 1. S'il y a litispendance ou chose jugée ; 2. Si l'une ou l'autre des parties est incapable ou n'a pas qualité ; 3. Si le demandeur n'a manifestement pas d'intérêt ; 4. Si la demande n'est pas fondée en droit, supposé même que les faits allégués soient vrais. Ainsi, une requête en irrecevabilité peut tout aussi bien être présentée à l'encontre de la requête introductive d'instance qu'à l'encontre d'une procédure interlocutoire ou d'une requête en suspension des procédures.

L'observation du Barreau du Québec exprimée par Marc-André Landry sur ce code de procédure civile porte sur « la question de droit qui se pose et qui consiste à savoir si l'ensemble des faits allégués dans la requête en irrecevabilité et tenus pour avérés pouvait juridiquement donner naissance au remède recherché.

« A moins de circonstances particulières, le juge a l'obligation de statuer sur la requête, surtout lorsqu'il s'agit d'une requête en irrecevabilité portant sur un point précis, qui exige d'être tranché. Le juge le fait quelles que puissent être soit la difficulté soit la complexité de la question »[29].

En rapport avec le même mémoire, Marc-André Landry, Secrétaire du Comité de Barreau du Québec sur les recours collectifs et coauteur du mémoire précité, note que « pour l'effet du ju gement accueillant la requête en irrecevabilité, ce sont les règles générales de l'appel d'un jugement définitif qui s'appliquent. Le jugement prononçant l'irrecevabilité du recours n'aura force de la chose jugée qu'à l'égard de la procédure, telle que libellée. Par conséquent, à moins d'éléments supplémentaires, la demande rejetée parce que prescrite sera finale et aura effet déclaratif qu'a l'extinction du droit qui en fait l'objet »[30]

Poursuivant sa logique, Marc-André, Landry ajoute que « lorsqu'une action est rejetée parce qu'elle est irrecevable en droit, le demandeur peut la reprendre si son droit d'action n'est pas prescrit ; de la même façon, lorsqu'un plaidoyer est rejeté parce qu'irrecevable en droit, c'est le plaidoyer comme tel qui serait rejeté et ce ne sont pas tous les moyens de défense qui le seraient. Par ailleurs, la demande rejetée parce que non fondée en droit pourra être réintroduite à la condition qu'il soit remédié au vice juridique qui l'affectait dans sa version initiale »[31].

Un premier débat est inspiré par la sélectivité de préférence ou de prédominance en faveur de requérants institutionnels par rapport aux requêtes des particuliers ou des citoyens en contrôle de constitutionnalité. Ainsi, par exemple, pour l'interprétation des dispositions constitutionnelles, dans de nombreuses constitutions, il n'est généralement pas fait mention d'une quelconque requête des particuliers.

Dans nombreux pays du monde libéral, il est consacré la préférence aux requérants institutionnels, tout en accordant aux citoyens l'accès à cette saisine devant la Cour constitutionnelle, sans qu'il ne soit mis à leur disposition un appui à titre de support juridique pouvant les aider à jouir pleinement de ce droit. Bien sûr, il peut être rétorqué que la gratuité des frais d'instance en est un. Mais, nul n'ignore que le plus difficile pour les citoyens est l'accompagnement technique par un conseil-avocat, au besoin délégué par l'État, lors de l'introduction d'instance et à la présentation de moyens de défense.

---

[29] Mémoire du Barreau de Québec au projet de loi n 28 intitule Loi instituant le nouveau Code de Procédure Civile, présente par la Commission des Institutions de l'Assemblée nationale duQuébec, 13 décembre2013

[30] Marc AndréLANDRY, *la procédure en irrecevabilité (165.4) du Code de Procédure Civile du Québec,* article en consultation htpp//edoctine caij *qc.ca/wilson-et-lafleur-livre / 9/1343432569, voirsitehttp/lacombeavocat ca/laprocédure-en-irrecevabledel'accompagnement juridiquedeLacombe Avocat, Québec, 13avril2105, p.1*

[31] *Idem*

Cela peut paraître utopique à penser ainsi, mais en réalité, il est peu probable qu'un particulier puisse, sans appui d'expert en la matière, faire aboutir une requête en sa faveur contre ce que le législateur ou l'auteur d'un acte règlementaire aura laborieusement mis en œuvre.

D'autant plus qu'avant la promulgation et la publication des lois et des actes réglementaires, un toilettage juridique est fait pour vider, par anticipation, toute velléité de contestation des lois inconstitutionnelles pouvant y survenir. Cela peut paraître comme un simple détail juridique de procédure, mais en réalité, il comporte un dispositif important de parade d'anticipation, si besoin en était.

Une bonne pratique procédurale de saisine devant les juridictions constitutionnelles aurait mieux fait de placer au même pied d'égalité les requérants institutionnels, les collectivités communautaires et les citoyens, aussi bien pour le moment d'action en inconstitutionnalité ou en anti-constitutionnalité des actes concernés avant leur validation juridique que pour toutes les autres matières supposées y être frappées.

Il en est de même de la procédure déclinatoire pour les requêtes en exception d'inconstitutionnalité, lesquelles sont souvent handicapées d'une part par la lourdeur de l'administration judiciaire ou du juge à les décliner vers les juridictions compétentes et, d'autre part, par l'absence ou l'indisponibilité de l'État qui est supposé être partie défenderesse de l'inconstitutionnalité mise en cause devant les juridictions d'instance ou de recours. Les requérants semblent être livrés à la volée du vent face au juge sans partie adverse déclarée ou désignée.

Cela aurait donné l'opportunité à tout requérant autre que celui institutionnel d'introduire sa requête en temps égal requis pour tous les requérants avant ou après la promulgation et la publication des actes concernés et sur toutes matières pouvant faire l'objet du contrôle de constitutionnalité et d'interprétation des dispositions constitutionnelles.

En prenant en référence les arrêts rendus de manière générale par les jeunes Cours constitutionnelles africaines dont, par ailleurs, certains souffrent de la non-publication officielle et ne peuvent servir que de documents de recherche par simple fait de publicité en audience publique, on constate deux faits marquants. Le premier est qu'il y a un grand déséquilibre donnant la prédominance des requêtes jugées irrecevables pour défaut de qualité de demandeurs. Le deuxième fait est celui du nombre comparativement élevé des requêtes, dont est déclinée, à juste titre et en toute légalité leur compétence.

A l'analyse de ces arrêts rendus par les mêmes Cours sur des requêtes déclarées irrecevables et celles pour lesquelles elles ont décliné leur compétence, il y a lieu de faire remarquer deux raisons déterminantes. La première raison est celle relevant de l'ignorance de la procédure de saisine par les requérants et cela a largement contribué au défaut de leur qualité.

La deuxième raison tient à la négligence professionnelle des avocats-conseils pour manque fréquent de procuration spéciale lors de la représentation légale de leurs clients au procès, pour l'oubli répété à prendre en compte l'habilité légale de leurs clients devant saisir la Cour, pour manque d'attention aux matières de requêtes relevant de la compétence de la Cour et pour absence inconsidérée des pièces justificatives devant régulariser le dépôt de dossiers au greffe de la Cour constitutionnelle.

De l'avis de plusieurs observateurs expérimentés et des scientifiques intéressés par les jeunes Cours constitutionnelles africaines récemment mises en place, il y a insistance à prendre conscience que la mission première de garant de la Constitution soumet la justice constitutionnelle au devoir de répondre avec pertinence et promptitude à la résolution de litiges et contentieux constitutionnels. Cela aura pour effets d'apaiser les tensions politiques, de réduire ou de contenir les actes incriminés par les juridictions constitutionnelles et de remettre l'État, les entités politiques et les citoyens dans leurs droits respectifs.

Car, si au seul motif du défaut de qualité, du lien d'intérêt et du dépassement des délais de saisine, la justice ne peut raisonnablement être rendue aux requérants et si les violations aux lois et à la Constitution deviennent fréquentes par manque manifeste des décisions résolutoires sur les requêtes ou de sanctions de justice constitutionnelle contre les auteurs des actes incriminés, il y a réellement risque et menace pour la paix sociale et la paix civile. Et pourtant celles-ci sont indispensables à la construction de l'État de droit et de la démocratie, ainsi qu'au développement de jeunes Nations.

Dans cette étude, il est fait référence à quatre arrêts, à titre d'exemple, pour montrer la pertinence de nos questionnements en rapport avec la primauté du droit subjectif sur le droit substantiel, en ce que la qualité du requérant, le lien d'intérêt à l'objet et les prescriptions de délais prédomineraient sur la considération de l'objet en cause. Puisque tout défaut de procédure empêche tout examen du fond du litige ou du contentieux soumis au procès devant toute juridiction.

Et, cela vaut pour nombreuses juridictions constitutionnelles africaines, où il faudra bien que la justice constitutionnelle donne réponse à l'objet de la requête pour résoudre le litige en toute équité et en conformité aux lois et à la Constitution. Il a été démontré que certaines expériences dans certains pays à travers le monde ont réussi à statuer consubstantiellement sur le sujet de droit et sur l'objet sans énerver techniquement le droit. Surtout lorsqu'il y a violation des libertés, des droits fondamentaux de citoyens et de communautés garantis par la Constitution.

Face à ces deux débats de sélectivité préférentielle de requérants institutionnels pour leur habilité légale à saisir la Cour par rapport aux particuliers et celui marquant l'irrecevabilité irréfragable et irréparable pour défaut de qualité de nombreux requérants, le juge constitutionnel est soumis à deux obligations fortement contraignantes.

Il s'agit de se soumettre aussi bien à la force légale de déterminants constitutionnels pour rendre ses arrêts en toute légalité qu'à la nécessité de rendre une bonne et rationnelle justice constitutionnelle en toute équité.

Le juge constitutionnel devrait aussi avoir à l'esprit sa mission première de gardien de la Constitution et de son rôle de protecteur de citoyens contre les atteintes par les pouvoirs publics à leurs libertés et droits fondamentaux garantis par la Constitution. Et, c'est à l'épreuve du droit et des faits soumis à l'autorité judiciaire indépendante de la Cour que se mesure son agilité dans la prise des décisions en rendant ses arrêts en fonction de la cause juste.

Pour consacrer cette combinaison de devoirs du juge dans la pratique judiciaire britannique, il est fait état de trois aspects du règne de la loi. Il s'agit « du principe de légalité, du principe d'égalité de tous devant le droit et du principe de la protection judiciaire des droits »[32].

La présente étude s'inspire de cette dernière considération pour adopter une approche allocutive en présentant les arrêts de la Cour constitutionnelle ayant corroboré ou ayant apporté appui aux bases juridiques de nos questionnements.

Un premier arrêt indicatif est celui enrôlé sous R.Const.0043/0098/117 et rendu par la Cour constitutionnelle le 16 septembre 2015 pour répondre aux trois requêtes inscrites respectivement au Greffe de la Cour constitutionnelle le 12 juin 2015, le 10 août 2015 et le 24 août 2015.

Il a été ainsi soumis trois demandes par le même avocat-conseil et dans les termes identiques voulant savoir si les provinces non démembrées pouvaient être concernées par la décision de la Commission Electorale Indépendante n° 001/CENI/BUR/15 du 12 février 2015 portant publication du calendrier des élections provinciales, urbaines et locales 2015 et des élections présidentielles et législatives 2016. Ce calendrier fixait la date de l'élection des Gouverneurs de provinces pour le 31 janvier 2016 sur toute l'étendue de la République Démocratique du Congo.

La Cour a joint les trois requêtes ayant le même objet en cause, à savoir, la poursuite du mandat pour cinq ans des Gouverneurs en fonction dans les provinces non démembrées à partir de leurs ordonnances présidentielles respectives d'investiture conformément aux articles 2 déterminant les nouvelles provinces et l'article 198 de la Constitution relatif au mandat des Gouverneurs. Cette demande se justifiait surtout parce que ce calendrier de la CENI prévoyait

---

[32]A.V.DICEY, *Introduction à l'étude du droit constitutionnel,* Girard & Bière, Paris, 1902, pp.167-180.

le renouvellement des Assemblées provinciales sur toute l'étendue de la République Démocratique du Congo.

La Cour constitutionnelle a déclaré irrecevable la requête inscrite sous R.Const.0043 pour défaut de qualité dans le chef de la demanderesse. Mais, elle a reçu les deux autres requêtes ayant le même objet et dont le Gouverneur a pris soin de mandater le même avocat pour solliciter l'interprétation des articles 2 et 198 de la Constitution.

Elle a rendu un arrêt presque de principe en se prononçant pour le maintien en fonction des Gouverneurs de provinces non démembrées jusqu'à l'investiture de nouveaux Gouverneurs démocratiquement élus.

Un deuxième arrêt pris en exemple est celui rendu le 21 novembre 2015 qui répondait à la requête d'un particulier et enrôlée sous R.Const.0143 à la date du 24 septembre 2015 pour requête en interprétation de l'arrêt 0089/2015 du 8 septembre 2015. Ce dernier répondait à la requête en interprétation des dispositions de l'article 10 de la loi de programmation n°15/004 du 28 février 2015 qui déterminait les modalités d'installation de nouvelles provinces et au recours en interprétation de l'article 168 de la loi n° 06/006 du 9 mars 2006 portant organisation des élections présidentielle, législatives, provinciales, urbaines et locales introduits pour les deux lois par la Commission Electorale Indépendante.

La partie demanderesse voulait avoir l'interprétation authentique de la Cour par rapport à l'interprétation donnée par le Conseil des Ministres du 18 septembre 2015, notamment, celle de savoir si l'ordonnance de nomination de Commissaires Spéciaux était conforme à l'esprit de l'arrêt de la Cour du 8 septembre 2015, ainsi qu'à l'esprit et à la lettre de la Constitution du 18 février 2006, telle que révisée à ce jour.

La Cour constitutionnelle répondit par l'irrecevabilité de la requête, au motif que ce recours traduisait une ''action popularis'' non admise en droit positif congolais et que l'intérêt personnel faisait défaut dans le premier chef de demande. Et, donc bien que s'étant déclarée compétente pour le second chef de demande, l'objet ne pouvait être examiné.

Il est clair et sans aucun doute que dans l'arrêt 0089/2015, la préoccupation majeure était d'éviter le chaos politique qui se profilait à l'horizon pour la non-tenue probable des élections de Gouverneurs de province. Ainsi, malgré le défaut de qualité pour la CENI à saisir la Cour en matière d'interprétation des lois, cette dernière se fit fort de recourir à l'argument de la ''force majeure'' pour enjoindre d'une part la CENI à présenter dans les plus brefs délais un calandrer cohérent et d'autre part le gouvernement à mettre à sa disposition les fonds à cet effet.

Un troisième arrêt de la Cour constitutionnelle enrôlée sous R.Const.102 et rendu le 23 mars 2016 répondait à la requête en inconstitutionnalité de deux décisions de la Commission Electorale Indépendante. La première n°008/CENI/BUR/15 du 27 juin 2015 déclarait irrecevables les listes de candidature et les candidatures des candidats indépendants, partis et regroupements politiques à l'élection des députés provinciaux et la deuxième n°009/CENI/BUR/15 du 27 juin 2015 déclarait irrecevables les candidatures sur la liste provisoire des candidats à l'élection des Députés provinciaux.

Sur les faits, la Commission Electorale Indépendante fait remarquer qu'à l'issue de l'opération de réception et traitement des candidatures pour l'élection des Députés provinciaux, la CENI a relevé quelques irrégularités, dont les cas d'inscriptions multiples des candidatures sur l'ensemble du Pays, ainsi que l'alignement des candidats comme titulaire et/ou suppléant sur plusieurs listes dans une même circonscription ou dans plusieurs circonscriptions.

Ainsi, sur un total de 24.191 candidatures enregistrées, 673 ont été déclarées irrecevables pour violation des dispositions de l'alinéa 2 de l'article 12, des points 3 et 4 de l'article 21, du point 3 de l'article 22 de la Loi électorale n° 06/006 du 9 mars 2006 portant organisation des élections présidentielles, législatives, provinciales, urbaines, municipales et locales, telle que modifiée et complétée à ce jour.

Selon la CENI, la liste provisoire des candidats à l'élection des Députés provinciaux fut publiée le 29 juin 2015, avant la publication des listes définitives. Mais, la CENI a encore découvert de nouveaux cas d'irrégularités pour des candidats initialement figurant dans la liste provisoire pour usage de fausses cartes d'électeurs et pour changement d'identité avec les mêmes numéros nationaux, ainsi que pour l'inéligibilité d'anciens membres du Bureau de la CENI, dont le mandat a été interrompu par l'investiture d'une nouvelle Commission en date du 12 juin 2013, alors qu'ils sont frappés d'interdiction par serment devant la Cour constitutionnelle à briguer un mandat électif aux échéances en cours.

Tous ces nouveaux cas d'irrégularité pour doublon et pour inéligibilité ont été déclarés irrecevables par la CENI et purgés de la liste provisoire avant la publication des listes définitives. Il leur a été leur accordé le délai légal de recours (10 jours) contre la décision déclarative de l'irrecevabilité de leurs candidatures dans les listes des doublons ou de candidats inéligibles, conformément à l'alinéa 2 de l'article 21 de la loi électorale n° 06/006 du 9 mars 2006.

Les recours des candidats soumis aux cours d'appel à cet effet ont reçu de décisions différentes. Certaines décisions des cours d'appel ont déclaré les requêtes non fondées pour cause de fraude présumée, mais d'autres décisions les ont jugées fondées pour non-respect par la CENI du délai légal de justification ou de rectification au bénéfice de personnes ou formations politiques concernées.

La CENI s'est adressée à la Cour constitutionnelle, en se prévalant de son droit d'entendre toute personne sur une question bien déterminée, dont elle pourrait juger l'avis utile à l'accomplissement de sa mission, conformément à l'alinéa 1er de l'article 29 de loi électorale n° 06/006 du 9 mars 2006 et de l'article 30 de la Loi organique n°13/012 du 19 avril 2013 modifiant et complétant la Loi organique n°10/013 du 28 juillet 2010 portant organisation et fonctionnement de la Commission Electorale Indépendante.

Elle se fondait ensuite sur le rôle régulateur du fonctionnement des institutions et de l'activité des pouvoirs publics pour se remettre à la Cour constitutionnelle en vue d'avoir la clarification sur ces deux questions.

La première question est celle de savoir si la CENI chargée de l'organisation et de la régularité du processus électoral par l'article 211 de la Constitution, notamment, en matière d'enrôlement et l'article 25 de la loi électorale est en droit de continuer à purger par une décision d'irrecevabilité des listes provisoires publiées de nouveaux cas d'irrégularité et d'inéligibilité des candidats, quitte à les transmettre, selon l'article 26 de la loi électorale n° 06/006 du 9 mars 2006 à la juridiction compétente avant la publication des listes définitives.

La deuxième question consiste à s'interroger si, conformément à l'article 28 de la Constitution qui dispose que nul n'est tenu d'exécuter un ordre manifestement illégal, il était fondé pour la Commission Electorale Indépendante d'exécuter les décisions de justice manifestement contraires aux dispositions de l'alinéa 2 de l'article 12, de l'alinéa 1 de l'article 15, de l'alinéa 3 de l'article 21 et l'article 22 in fine de la loi électorale n° 06/006 du 9 mars 2006. Surtout que les décisions de juridiction exigent de reprendre sur les listes définitives les candidatures jugées non conformes par la CENI.

La Cour constitutionnelle répondit à l'irrecevabilité de la demande, au motif que la CENI n'est pas parmi les organes prévus par l'alinéa 3 de l'article 160 la Constitution pour soumettre devant la Cour les requêtes en contrôle de la constitutionnalité.

La Cour constitutionnelle s'est déclarée ensuite incompétente pour traiter du fond de cette requête, puisque celle-ci sollicitait plutôt son avis, alors qu'elle ne donne pas des avis, mais rend plutôt des arrêts conformément à l'article 93 de la Loi organique n° 13/026 du 15 octobre 2013 portant son organisation et son fonctionnement. Par ailleurs, elle a stigmatisé le fait que la Commission Electorale Indépendante ne peut pas contester ses propres actes.

Un quatrième arrêt indicatif est celui rendu sous R. const 0038 le 28 aout 2015 répondant à la requête de la demanderesse, une personne privée qui s'estimait lésée par la décision d'une Institution parlementaire, en occurrence le Sénat. Cet arrêt faisait suite à la requête introduite par la deuxième suppléante à l'élection sénatoriale de 2006.

La requête concernée venait en annulation de la décision prise par la plénière du Sénat du 3 juin 2015 validant, d'après elle, illégalement le mandat du premier suppléant en remplacement du Sénateur titulaire du mandat ayant opté pour la députation nationale.

La demanderesse déclara dans sa requête que le premier suppléant a été condamné par le tribunal de grande instance de Bukavu en date du 18 juin 2008 à une servitude pénale de 12 mois, laquelle condamnation fut confirmée par la cour d'appel de Bukavu le 18 décembre 2008. Contre cet arrêt de la cour d'appel, il a été formé un pourvoi en cassation devant la Cour Suprême de Justice à la date du 10 mai 2010. Ce dernier a rendu son arrêt sous RP 3961 à la date de 20 décembre 2013 en déclarant ce pourvoi manifestement dilatoire et irrecevable pour tardivité.

La demande en annulation de la décision de la plénière du Sénat se fonde sur le fait qu'en application du point 8 de l'alinéa 1er de l'article 110 de la Constitution et de l'alinéa 1er de l'article 204 du Règlement intérieur du Sénat, le premier suppléant, dont la condamnation fut confirmée par l'irrecevabilité de son recours en cassation ne pouvait conduire qu'à l'invalidation de sa candidature au Sénat, en remplacement du titulaire.

Le Sénat comme partie défenderesse a donné son interprétation de l'article 110 alinéa 1 au point 8 de la Constitution, selon laquelle le mandat du Député national ou du Sénateur prend fin par la condamnation irrévocable à une peine de servitude pénale principale pour une infraction intentionnelle. Selon le Sénat, cette disposition ne s'applique qu'au Député national ou au Sénateur au cours de leur mandat respectif.

Dans le cas d'espèce, le premier suppléant a été condamné par l'arrêt RPA 2359 de la cour d'appel de Bukavu à la date du 18 décembre 2008, au moment où il n'était pas encore Sénateur. Ainsi donc, selon le Sénat, le point 8 alinéa 1er de l'article 110 de la Constitution ne le concernait pas. Par conséquent, son invalidation ne peut se justifier, d'où la décision de sa validation par la plénière du Sénat, rendue à la date du 3 juin 2015.

Il a été fait remarquer contrairement à la jurisprudence jusque-là admise au niveau de la Cour Suprême de Justice faisant fonction de la Cour constitutionnelle, que cette décision n'était qu'un acte d'assemblée politique qui ne relevait pas de sa compétence. En effet, celle-ci est limitée aux actes législatifs et réglementaires, aux termes de l'article 43 de la Loi organique n°13/026 du 15 octobre 2013 portant organisation et fonctionnement de la Cour constitutionnelle.

La Cour n'avait pas compétence d'intervenir sur cette requête ayant pour objet un acte d'assemblée qui n'est ni législatif ni réglementaire. Mais, puisque hormis la demande principale pour laquelle la Cour s'était déclarée incompétente, il y a dans la même requête, un constat d'atteinte à un droit fondamental de la requérante, en l'occurrence, son droit d'éligibilité.

Du coup, une autre jurisprudence prenait corps pour la Cour constitutionnelle, qui se trouvait investie de la compétence d'intervenir dans une affaire en cause, où elle n'avait pas compétence en principal, mais qui faisait l'objet, dans le chef de la requérante, d'une violation de l'un des droits fondamentaux des citoyens garantis par la Constitution.

La Cour tirait le fondement de sa légitimité d'intervention de l'alinéa 9 de l'article 149 et de l'alinéa 1er de l'article 150 qui disposent respectivement que la Cour constitutionnelle fait partie du pouvoir judiciaire et qu'elle est le garant des libertés individuelles et des droits fondamentaux des citoyens, parmi lesquels figure celui d'être éligible à un mandat politique dans les conditions prévues par la loi. Plus tard, elle en fera usage pour répondre aux requêtes de certains Acteurs politiques, lorsqu'il leur fut privé du droit de la défense par les Assemblées provinciales en plénière.

La Cour note dans son arrêt sous R.Const.0038 qu'en tant que gardienne de la Constitution, elle est appelée à s'assurer du respect par les pouvoirs publics et les citoyens de ses dispositions, mais aussi à exercer un rôle de régulation de la vie politique. Elle s'estime donc dotée de la compétente à connaitre d'un recours introduit par un citoyen, qui s'estime lésé par une décision qui viole ses droits et libertés constitutionnellement garantis.

La demande a été donc déclarée recevable à ce dernier titre, mais non fondée, parce qu'au moment du dépôt de la candidature du premier suppléant, il remplissait toutes les conditions d'éligibilité prévues par la loi électorale. Ainsi, le Sénat n'avait pas tort d'avoir validé le mandat du premier suppléant comme Sénateur, car cette décision du Sénat ne violait ni le point 8 de l'article 110 de la Constitution ni l'alinéa 1er de l'article 204 du Règlement intérieur du Sénat.

Un cinquième arrêt soutenant le questionnement de cette étude est celui enrôlé sous R.Const.168 en réponse à la requête en inconstitutionnalité de l'ordonnance n° 15/081 du 29 octobre 2015 portant nomination des commissaires spéciaux et des commissaires spéciaux adjoints du Gouvernement charges d'administrer les nouvelles provinces.

Selon la présentation des faits par la partie demanderesse, il est fait état d'une sollicitation pour l'annulation par la Cour constitutionnelle de l'ordonnance présidentielle n° 15/081 du 29 octobre 2015 portant nomination des commissaires spéciaux et des commissaires spéciaux adjoints du Gouvernement chargés d'administrer les nouvelles provinces, au motif qu'elle viole de manière flagrante quelques dispositions constitutionnelles.

Deux moyens en appui à la cause ont été développés par la partie demanderesse. En premier lieu, l'ordonnance attaquée méconnait la personnalité juridique des provinces et des entités territoriales décentralisées, de même que le principe de leur libre administration et l'autonomie de gestion de leurs ressources économiques, humaines, financières et techniques, alors que les dispositions constitutionnelles le leur reconnaît.

Développant ce moyen, la demanderesse explique qu'en application des articles 63 et 66 de la loi portant principes relatifs à la libre administration des provinces, le pouvoir central ne peut exercer sa tutelle et son contrôle sur le Gouverneur de province que pour les actes posés en qualité de représentant du pouvoir central et dans le cadre de la coordination des services publics déconcentrés en province. Et pourtant, l'ordonnance attaquée confère aux commissaires spéciaux tant les matières relevant de la compétence exclusive de la province que les matières concurrentes du pouvoir central et des provinces,

La demanderesse considère que la force majeure alléguée par le Gouvernement pour expliquer la situation dans les provinces résulte de la défaillance du pouvoir central dans la gestion du processus électoral et que le Gouvernement ne peut pas se prévaloir de sa propre turpitude. Elle estime même que la Cour constitutionnelle n'aurait pas dû avoir recours à cet argument pour répondre à la requête de la CENI ci-évoquée.

Elle conclut qu'en conférant aux commissaires spéciaux la double qualité de représentant du pouvoir central en province et de chef de l'exécutif provincial tout en maintenant celui-ci sous la tutelle du pouvoir central aurait visé à les soustraire du contrôle des Assemblées provinciales et à faire de la République Démocratique du Congo un État unitaire centralisé par fraude constitutionnelle. Et c'est une démarche anticonstitutionnelle.

Le deuxième moyen de la demanderesse est que l'ordonnance attaquée instaure à travers les commissaires spéciaux un régime de compétence et met tacitement en congé les Assemblées provinciales, tout en plaçant l'exécutif provincial sous l'unique contrôle du pouvoir central, en violation des articles allant de 195 à 198, 202 et 204 de la Constitution.

Il y a lieu de souligner que cet arrêt sous R.Const.168 a été rendu en réponse à la requête au principal point portant sur la compétence de la Cour constitutionnelle, sans s'appesantir sur la qualité de requérants. Mais subtilement, l'arrêt fait remarquer qu'à cette requête, il n'a été joint aucune pièce justifiant l'objet de la requête sinon que plusieurs copies de la requête.

En d'autres termes, la requête était irrecevable aux termes de l'article 27 alinéa 3 du Règlement intérieur de la Cour constitutionnelle qui exige du requérant de mentionner dans la requête son nom, sa qualité et son adresse sous peine d'irrecevabilité.

A cette dernière évidence, la Cour a ajouté que l'ordonnance attaquée n'était ni un acte législatif ni un acte règlementaire, mais bien plutôt un acte administratif qui ne comporte pas des dispositions de portée générale, abstraite et impersonnelle de même qu'il ne contient pas des normes de conduite obligatoire applicables à tous.

En conclusion, l'arrêt confirme que la requête ne relève pas de la compétence de la Cour et ne peut faire l'objet d'un examen de fond.

C'est peut-être là où se trouve toute l'intelligence du jeu de cette ordonnance n° 15/081 du 29 octobre 2015 portant nomination des commissaires spéciaux et des commissaires spéciaux adjoints. Il a été opéré un distinguo subtil entre son exposé des motifs et son dispositif.

Cet exposé des motifs a donné l'impression d'un ordonnancement de portée générale fondé sur l'arrêt R.Const.0089/2015 de la Cour constitutionnelle enjoignant les gouverneurs de prendre des dispositions transitoires exceptionnelles applicables à tous. Mais, son dispositif a porté sur la nomination de personnes physiques aux postes de commissaires spéciaux et des commissaires spéciaux adjoints, ainsi que leurs affectations administratives dans chacune des provinces.

Au regard de ces arrêts pris à titre illustratif, il se dégage que la petite expérience de la Cour lui a permis de s'inscrire déjà dans la logique d'une certaine constance de ses jugements et la pertinence des choix résolutoires de ses arrêts de principe. Ces derniers déjà adoptés lui donnent une certaine visibilité de la façon à aborder les questions de contrôle concret de constitutionnalité.

La Cour constitutionnelle pourra peut-être progressivement s'inspirer de la jurisprudence précautionneusement bâtie et de ses arrêts de principe dans le traitement des contentieux politico-juridiques entre l'État et les provinces ou entités étatiques, des contentieux entre les institutions politiques, ainsi que dans le traitement des contentieux électoraux.

La longue marche à faire ne peut se mesurer que par les difficultés encore présentes au niveau des juges constitutionnels dans les Pays de longue tradition démocratique, qui se trouvent encore confrontés aux problèmes de contrariétés opposant parfois le pouvoir politique et le juge constitutionnel sur certaines questions de société ou d'autres conflits d'intérêt général.

Quel est l'intérêt à agir devant la Cour constitutionnelle ?

2. L'intérêt à agir devant la cour constitutionnelle

L'intérêt à agir en justice signifie simplement que celui qui exerce une action en justice ou présente une exception devant une juridiction judiciaire doit avoir intérêt à le faire au moment même où l'action est exercée. Cela veut dire concrètement que l'intérêt est actuel et doit exister avant l'instance d'introduction pour qu'il ne soit pas envisagé comme un intérêt éventuel.

En droit civil, l'intérêt à agir en justice peut revêtir un avantage pécuniaire, matériel ou moral référé en prévention d'un dommage imminent ou d'une réparation attendue. Le titulaire du droit d'agir doit justifier d'un intérêt légitime juridiquement protégé et d'un intérêt personnel et direct (nul ne plaide par procureur).

Différemment du droit civil, l'intérêt à agir en matière pénale devant les juridictions compétentes est dicté par l'objet constitutif de l'acte criminel ou d'autres faits délictueux, dont la partie demanderesse est présentée en victimes devant mener l'action civile pour la réparation du dommage causé. Le ministère public chargé de l'action publique intervient pour sanctionner les auteurs délinquants de la partie défenderesse généralement identifiée ou supposée être auteur de crimes et délits commis.

Pour l'intérêt à agir en droit public interne administratif et constitutionnel, on distingue l'intérêt concernant les actions de mise ou de remise en cause des droits de personnes physiques ou morales de celui de mise ou remise en ordre de la légalité des actes posés par les pouvoirs publics et dont la Cour a compétence à connaitre les requêtes qui lui sont soumises sur des matières déterminées par la Constitution.

Avant toute disposition légale, l'intérêt à agir doit être positif et concret, qu'il s'agisse de protéger ou de défendre un intérêt moral ou matériel. Au sujet des matières constitutionnelles, les nouvelles exigences pour la protection des libertés et des droits fondamentaux, ainsi que leur extension dans divers autres domaines, voire même leur diversité dans la saisie réelle, ont fait diluer la positivité de l'intérêt à agir.

Dans nombreux nouveaux domaines de droits fondamentaux, comme l'accès à l'éducation, à l'eau potable et à la santé, le droit à l'assainissement de l'environnement, rendent l'intérêt à agir parfois abstrait, confus ou disparate, d'où la nécessité de constructions juridiques mieux élaborées et plus substantielles pour cerner tous les contours utiles à la saisie de la notion d'intérêt lié à une cause en justice.

A cette difficulté se saisie concrète s'ajoute celle de la connaissance de ce dont les sujets de droits ont intérêt à protéger devant les juridictions, selon les exigences de la sécurité juridique des citoyens en droit positif. Aujourd'hui, les fondamentaux de l'intérêt actuel, structuro-figuratif ou stratégique à agir sont difficilement conciliables entre la vision des pouvoirs publics centrée sur la sécurité nationale, l'intérêt général ou le bonheur collectif et la vision déconcentrée des autres sujets de droit de la société civile, ainsi que ceux d'autres composantes fonctionnelles de la société moderne tournés aux projets privés et personnalisés.

Cette vision particularisée concerne les corporations professionnelles, syndicales ou patronales, les opérateurs économiques du marché de la production, de la consommation, de finances et de technologies de communication, celle des agents humanitaires, des promoteurs du genre et de la jeunesse, des écologistes, des altermondialistes, sans ignorer d'autres acteurs hétérodoxes comme les forces militaristes, les extrémistes, les terroristes, etc.

Jusqu'au passé récent en droit, l'intérêt à agir était focalisé sur les acquis et les propriétés ou les avantages personnels et donc facilement perceptible par les individus. Aux dernières évolutions du droit, le champ d'intérêt à agir est devenu de plus en plus distendu, surtout avec l'extension d'intérêts privés reliés avec ceux d'autres réseaux internes et internationaux, l'interférence de l'intérêt public sur les intérêts privés. Il y a donc un entrecroisement des sujets de droit sur des questions diversifiées d'intérêts multiformes et multipolaires devant les juridictions nationales ou internationales.

Ainsi, par exemple, le Code de Procédure Civile du Québec, dans son chapitre II consacré à l'intérêt à agir en justice, précise en son article 85 que l'intérêt du demandeur qui entend soulever une question d'intérêt public s'apprécie en tenant compte de son intérêt véritable, de l'existence d'une question sérieuse qui puisse être valablement résolue par le tribunal et de l'absence d'un autre moyen efficace de saisir celui-ci de la question.

On peut facilement s'apercevoir du caractère vague de ce que le tribunal peut apprécier comme ''intérêt véritable'' et de ''question sérieuse'', lorsqu'il s'agit de définir l'intérêt à agir. Du coup, le demandeur est à la merci du tribunal pour juger de son lien substantiel à l'intérêt en cause.

A la complexité de nouvelles matières soumises aux juridictions et leur complexification par diverses connexions sur le plan interne et sur le plan international comme les intérêts communs entre les États, les intérêts d'alliance ou les intérêts des multinationales, il s'est introduit d'autres exigences juridico-politiques pour les nouveaux intervenants.

Le nouveau mode d'intérêt à agir se développe pour la défense de l'intérêt public, associatif, corporatif, collectif, de l'intérêt coopératif et de l'intérêt d'alliance en matière de défense entre les États, ainsi que de l'intérêt des sociétés multinationales.

Dans les formulations de décisions des juges, l'intérêt à agir surtout dans les matières constitutionnelles font appel à la notion '' du risque de préjudice couru par le requérant'' pour déterminer si il existe dans le chef de la personne, dont la situation en cause pourrait être directement et défavorablement affectée par la norme attaquée. Ainsi, « au-delà du lien direct devant exister entre la norme attaquée et la personne requérante, il faut que la norme attaquée ait une incidence défavorable sur la situation de cette personne »[33].

---

[33] F. DELPEREE et P. FOUCHER, *La saisine du juge constitutionnel. Aspects de droit comparé,* Bruylant, Bruxelles, 1998, p.167.

Aussi, il est de plus en plus fait la différence entre les particuliers en tant que personnes physiques ou morales qui doivent justifier d'un intérêt direct et les autorités politiques, dont l'intérêt est présumé, parce qu'elles sont censées agir dans l'intérêt supérieur suivant les dispositions de la Constitution.

Mais, en l'absence d'attribution légale d'action dans ces nouveaux champs d'intérêt, chaque État s'est chargé de légiférer pour chaque cas et distinguer de manière précise l'intérêt personnel de l'intérêt public ou général, ce dernier de celui collectif ou associatif et l'intérêt coopératif ou multinational de celui de mouvements promotionnels spécifiques en accordant pour chaque objet une habilitation légale aux sujets de droit concernés.

Aussi, en dehors du bénéfice personnel au résultat de l'action en cause devant une juridiction, nul n'a, sauf exception par une autorisation accordée par un texte spécifique, la qualité à défendre seul l'intérêt général, car celle-ci revient au ministère public.

Et sauf exception d'une action de groupes ''opt out'' pour toutes les victimes potentielles ou de groupes ''opt in'', composés de tous ceux qui manifestent leur volonté de faire partie du groupe, nul n'a qualité à défendre un intérêt collectif, même si celui-ci comprend le sien.

La difficulté doctrinale se situe au niveau de la définition du rattachement du requérant à un intérêt né et actuel. Puisque l'intérêt né ou actuel tire son origine constitutive du passé, mais aussi l'intérêt peut aussi être prospectif ou expansif. Cela concerne particulièrement l'intérêt stratégique interactif ou alternatif, ainsi que l'intérêt d'affaires réactif ou génératif.

Dans la présente étude, nous n'abordons pas cette question d'habilitation légale des sujets de droit sur base de leur intérêt à agir actuel ou prospectif dans les différentes matières sus-évoquées. Nous nous sommes limités à rappeler les catégories de sujets de droit évoquées au point précédent et ayant l'habilitation légale de qualité et d'intérêt à agir devant la Cour constitutionnelle.

La matière la plus complexe et la plus récente pour l'intérêt à agir en justice est sûrement celle relative à la défense de libertés et droits fondamentaux des citoyens par eux-mêmes, tels que garantis par les Constitutions républicaines modernes. Chaque État a légiféré ces matières selon son niveau de maturité démocratique, celui de ses connaissances politico-juridiques sur la matière, ainsi que celui du contexte socio-historique et socio-politique du lieu où s'article ces droits.

En République Démocratique du Congo, l'État a institué aux termes de l'alinéa 1er de l'article 150 un foyer institutionnel au sein du pouvoir judiciaire, qui est la Cour constitutionnelle ayant pour rôle de garantir des libertés individuelles et des droits fondamentaux des citoyens. Tout en accordant l'avantage d'intérêt à agir à toute personne pour la protection de ses libertés et ses droits fondamentaux, la Constitution a recadré les voies d'accès à cette protection uniquement pour celles poursuivies devant les juridictions compétentes.

La Constitution reconnait à toute personne le droit de saisir la Cour constitutionnelle pour le contrôle de constitutionnalité en action de tout acte législatif ou réglementaire conformément l'alinéa 2 de l'article 162 et en exception d'inconstitutionnalité pour les violations de libertés et des droits fondamentaux, en vertu de l'article 3 du même article de la Constitution.

Les requêtes par voies d'action restent encore de faible usage pour les citoyens, puisque les nombreux litiges en contrôle de constitutionnalité, jusqu'ici soulevés devant la Cour, concernent plus les actes de procédure judiciaire que les actes législatifs ou réglementaires.

De même, les requêtes par voies d'exception soumises devant les tribunaux s'attaquent moins aux actes inconstitutionnels des pouvoirs publics portant atteinte aux droits fondamentaux des requérants qu'aux actes de procédure judiciaire.

Mais, la plus grande difficulté est celle due au fait que de nombreuses violations des libertés et des droits fondamentaux sont commises par les agents représentant les services publics notamment ceux de la fonction publique, de l'administration territoriale, de l'administration paraétatique, de la magistrature, de services de l'ordre public, ainsi que des mauvais traitements qui s'en suivent.

Il est dès lors difficile pour les Citoyens de porter devant la Cour constitutionnelle les faits récurrents et les pratiques courantes portant atteinte à leurs libertés et droits fondamentaux, lorsqu'ils ne relèvent pas directement de sa compétence institutionnelle. Du coup, l'intérêt à agir devant la Cour constitutionnelle sur ces matières devient fortement contrariant pour les citoyens.

Un arrêt a été retenu, à titre d'exemple, pour illustrer la difficulté à saisir et cerner les limites de l'intérêt à agir. Il s'agit de celui enrôlé sous R.Const.0004/252/TSR transmis en état par la Cour Suprême de Justice faisant office de Cour constitutionnelle enregistrée le 29 mai 2013. La Cour constitutionnelle répondait à la requête d'un particulier qui demandait à la Cour de déclarer contraires à la Constitution les différents actes et décisions pris dans l'exercice de fonctions d'un Gouverneur de province.

Le premier moyen du requérant est celui pris de la violation de l'alinéa 6 de l'article 198 de la Constitution relayée par l'article 23 de la loi n° 08/0012 du 31 juillet 2015 portant principes fondamentaux relatifs à la libre administration des provinces. L'article 198 de la Constitution dispose qu'avant d'entrer en fonction, le Gouverneur présente à l'Assemblée provinciale le programme de son gouvernement, mais qu'il ne l'a pas fait en son entrée en fonction, le 28 janvier

2012. Et l'article 28 alinéa 7 stipule que le nombre de ministres provinciaux ne peut dépasser dix autorisés par la loi, mais le Gouverneur en a ajouté six autres.

Au deuxième moyen, le requérant allègue qu'au point 8 de l'article 202 de la Constitution, la fonction publique fait partie des matières qui relèvent de la compétence exclusive du pouvoir central, alors qu'en violation de cette disposition, le Gouverneur a pris des arrêtés confiant au directeur de province et à tous les chefs de divisons provinciales les prérogatives constitutionnelles du pouvoir provincial, créant ainsi une incompatibilité entre les attributions de ces chefs de services déconcentrés, qui relèvent du pouvoir central.

La requérante demande à la Cour de déclarer tous ces actes du Gouverneur nuls et de nul effet. Dans son mémoire de réponse la partie défenderesse a exposé pour fin de non-recevoir le fait que tous les actes attaqués sont des actes administratifs individuels qui n'énoncent pas des dispositions normatives générales, impersonnelles et abstraites et demande à la Cour de faire décliner sa compétence.

Dans son arrêt, la Cour relève d'abord que le mémoire en réponse signé par l'avocat ne rapporte pas la preuve d'une procuration spéciale qu'il aurait reçue de la province et qu'elle rejettera ce mémoire en réponse, auquel elle ne saura avoir égard, pour défaut de preuve de qualité dans le chef de l'avocat susvisé.

Elle note que conformément aux articles 160 alinéa 1er et 162 alinéa 2 de la Constitution, 43 et 48 de la Loi organique n°13/026 du 15 octobre 2013 relative à son organisation et à son fonctionnement, toute personne peut la saisir en inconstitutionnalité de tout acte législatif ou réglementaire.

La Cour souligne également, qu'à l'exception de l'arrêté du Gouverneur portant organisation et fonctionnement du gouvernement provincial, tous les autres attaqués sont des actes administratifs, ainsi la requête relève partiellement de sa compétence.

Elle rappelle que l'intérêt à agir est l'une des conditions essentielles de recevabilité d'une action en justice ; qu'aux termes de l'article 1er de l'ordonnance du 14 mai 1886 approuvée par le décret du 12 novembre 1886, lorsqu'une matière n'est prévue par la loi, les cours et tribunaux appliquent la coutume, les principes généraux du droit et d'équité.

Elle note que contrairement au principe général du droit en vertu duquel il n'y a pas d'action sans intérêt, le demandeur ne démontre pas en quoi les décisions attaquées lui feraient personnellement grief, alors qu'en droit processuel congolais, l'intérêt est la mesure de l'action.

Comme le demandeur ne justifie pas d'un intérêt personnel et direct à attaquer l'arrêté incriminé, lequel n'est de nature à lui causer préjudice, ni lui profiter de quelque manière que ce soit, la Cour dira, bien que relevant partiellement de sa compétence, la requête est irrecevable pour défaut d'intérêt.

En tout état de cause, le lien personnel et direct du sujet à l'objet en cause, même dans le cas d'une violation de la Constitution par un acte du pouvoir public reste juridiquement et politiquement un exerce fort laborieux, parce que la notion de l'intérêt convient mieux lorsqu'elle couvre la propriété en droit civil.

Ce dernier arrêt illustratif démontre, à suffisance, la difficulté pour un particulier de démontrer son intérêt à agir devant la justice contre un acte de puissance publique.

Ces deux sections de la procédure de saisine devant les juridictions judiciaires et spécialement devant la Cour constitutionnelle constituent l'essentiel de la problématique privilégiant la primauté du droit subjectif sur le droit substantiel.

Et pourtant, c'est le fond faisant l'objet du litige qui devrait intéresser la justice pour résoudre les contentieux. Il s'est ajouté pour toutes les jeunes juridictions constitutionnelles africaines l'hésitation devant tout revirement jurisprudentiel sur des décisions mal rendues par les hautes juridictions précédentes ayant fait office de Cour constitutionnelle, comme il a été souligné dans l'introduction de cette étude.

Il y a évidemment une bonne évolution qui se dessine sur base d'arrêts de principe de la Cour constitutionnelle congolaise. Elle se donne vocation à remédier l'état précédent de choses, en procédant à l'édification d'une bonne justice constitutionnelle. Dans le meilleur des cas, de grands efforts sont menés pour trouver le juste équilibre entre la nécessité d'examiner l'objet même du contentieux et l'exigence de la qualification du sujet, ainsi que du lien d'intérêt du sujet avec l'objet en cause dans un contentieux constitutionnel.

À ce sujet, des études plus approfondies devraient y apporter de substantielles contributions, particulièrement, de la part des juristes, politologues, administrativistes, philosophes, sociologues, communicologues et psychologues, ainsi que de tous les experts en sciences humaines.

Il s'agit de mieux trouver l'équilibre entre le droit subjectif et le droit substantiel au seul avantage du justiciable et non de privilégier la primauté du sujet de droit sur l'objet en litige, par simple usage de la coutume moyenâgeuse en droit moderne ou d'une philosophie morale de droit fort dépassée.

Aussi paradoxal que cela puisse paraître, les actes attaqués pour ces derniers cas sus-évoqués sont souvent des actes juridictionnels, qui ne relèvent pas de la compétence de la Cour constitutionnelle. Et pourtant c'est à ce niveau que les atteintes à la liberté et aux droits fondamentaux sont plus nombreuses. Il est suggéré qu'une attention particulière soit accordée pour ces derniers cas des requêtes en exception d'inconstitutionnalité soumises devant les juridictions d'instance inférieures pour leur transfert aux juridictions compétentes par procédure déclinatoire.

Dans la plupart des cas, ces requêtes subissent soit le gel délibéré au niveau de ces juridictions soit la jonction arbitraire tout simplement de l'exception au fond pour empêcher toute procédure déclinatoire.

C'est aussi ici le lieu de constater que l'action menée devant une juridiction et fondée sur un contentieux en droit avec l'exigence du lien d'intérêt est souvent difficile à établir de droit et de fait par nombreux requérants, moins nantis en connaissance de droit. Or, il est fait souvent usage de ce manque d'intérêt pour justifier l'irrecevabilité des requêtes surtout dans les matières constitutionnelles.

Ceci mériterait davantage des études épistémologiques et sociologiques, voire économiques pour mieux définir la notion d'intérêt liant le sujet à l'objet dans une société transmutante à divers niveaux de solidarité comme c'est le cas actuellement en Afrique.

Quel est le délai de survenance ou d'expiration prescriptive devant la cour constitutionnelle ?

3. Le délai de survenance ou d'expiration prescriptive devant la cour constitutionnelle

Le délai est la durée de temps qui sépare deux instants : celui de la survenance du moment à partir duquel court le délai légal et celui de l'expiration du délai légal, auxquels s'interpose le délai de suspension ou d'interruption.

De manière générale, le délai en droit devra concilier deux exigences d'équité : d'une part, assurer la protection du défendeur par un accommodement de temps lui permettant d'affronter les prétentions du demandeur lors du débat contradictoire au procès et d'autre part, éviter les effets de la disparition des preuves dans la durée. Mais aussi, le délai permet d'éviter que l'une ou l'autre des parties néglige de mener le procès avec diligence et que, sans nécessité, elles en fassent ainsi, volontairement ou par négligence, perdurer l'instruction.

Différemment du délai d'exigibilité par obligation ou par extinction des droits en droit civil, l'attention de notre étude est centrée sur le délai de validation ou d'annulation par la Cour constitutionnelle d'un acte législatif ou réglementaire ainsi que de traités pour inconstitutionnalité et de tout autre acte censé être soumis à l'examen de conformité à la Constitution. La Cour se prononce sur le non fondé des requêtes pour tardivité ou forclusion en dehors du délai légal.

La particularité de la justice constitutionnelle tient au fait que les droits substantiels ne s'éteignent pas avec l'écoulement du temps, puisque les actes soumis au contrôle de constitutionnalité et les violations de libertés et droits fondamentaux garantis par la Constitution sont sous régime d'imprescriptibilité et de non-extinction.

Aussi arrivons-nous à nous poser la question de savoir qu'arrive-t-il si le sujet de droit est privé de son droit d'agir en justice pour irrecevabilité de sa requête pendant que l'objet de cette dernière n'est soumis à aucune contrainte de temporalité et d'objectivité ?

Cette question conforte davantage notre conviction, selon laquelle l'examen de l'objet ou du fond en justice constitutionnelle fait avancer celle-ci. Par contre l'abandon de l'examen pour tardivité ou forclusion retarde énormément nombreuses opportunités à la fois de rendre justice sur des matières constitutionnelles et de renforcer la jurisprudence sur ces dernières.

Et, lorsque la forclusion ne se justifie que par le seul dépassement du délai lors d'introduction d'instance d'une requête devant la Cour pour donner lieu à une fin de non-recevoir, ce n'est sûrement pas une bonne façon de soulager les justiciables, qui attendent d'elle des résolutions utiles à la paix sociale et civile.

En République Démocratique du Congo, la Constitution a formalisé cinq délais légaux pour des matières devant être soumises à la Cour.

Premièrement, un délai de six mois suivant la publication au Journal officiel pour des requêtes de contrôle de constitutionnalité des lois et des actes ayant force de loi, des édits, des Règlements intérieurs des Chambres parlementaires, du Congrès et des Institutions d'appui à la démocratie, ainsi que des actes réglementaires des autorités administratives, aux termes de l'article 50 de la Loi organique portant organisation et fonctionnement de la Cour constitutionnelle.

Il est réservé à la Cour un délai de quinze jours dès sa saisine pour examiner la conformité à la Constitution des Lois organiques avant leur promulgation et des Règlements intérieurs sus-évoqués, au-delà duquel la loi est réputée conforme.

Deuxièmement, un délai de quinze jours suivant la transmission de la loi définitivement adoptée pour un recours visant à faire déclarer une loi à promulguer non conforme à la Constitution et 30 jours pour que la Cour se prononce de sa saisine et seulement huit jours en cas d'urgence. En dehors de ces délais, la loi concernée est réputée conforme, aux termes de l'article 47 alinéa 4 de la Constitution.

Troisièmement, un délai de trente jours à compter du dépôt de recours et ramené à huit jours en cas d'urgence pour un recours en interprétation des dispositions de la Constitution suivant la publication au Journal officiel pour le recours en inconstitutionnalité d'une loi d'approbation ou d'autorisation de ratification d'un traité en vertu de l'article 55 de la Loi organique portant organisation et fonctionnement de la Cour constitutionnelle.

Quatrièmement, un délai de deux mois de la signification de la décision d'où résulte le conflit d'attribution entre les ordres de juridiction judiciaire et administratif, conformément à l'article 68 de la Loi organique portant organisation et fonctionnement de la Cour constitutionnelle.

Cinquièmement, avant son entrée en fonction et l'expiration de celle-ci, un délai de trente jours endéans lesquelles tout assujetti à l'obligation de faire la déclaration du patrimoine familial, faute de laquelle il est réputé démissionnaire, aux termes des articles 99 alinéa 5 de la Constitution et 83 de la Loi organique portant organisation et fonctionnement de la Cour constitutionnelle.

Conclusion

Il m'a permis de poser le questionnement sur le délai légal dans sa position de temporalité et d'objectivité qui n'altère nullement le fond ou l'objet de la requête, sinon qu'il rend inopérant toute initiative du juge à rendre le jugement. Et cela est fait aux dépens de l'une ou l'autre partie au procès, dont les prétentions sur l'affaire en cause sont parfois fondées et justes.

La procédure en action et en exception d'incompatibilité devant la cour constitutionnelle est l'objet du chapitre suivant.

Chapitre 3.

La procédure en action et en exception d'inconstitutionnalité devant la cour constitutionnelle

J'ai tenu à faire la différence entre la procédure en action et celle en exception d'inconstitutionnalité devant la Cour constitutionnelle pour montrer qu'il s'agit de deux cas de procédure tout à fait différente.

Pour le premier cas, il s'agit d'une saisie directe à partir d'une demande axée sur le contrôle de constitutionnalité ou l'appréciation de conformité à la Constitution, ainsi que sur les autres matières constitutionnelles couvertes par la compétence de la Cour constitutionnelle.

Pour le deuxième cas, la requête en exception d'inconstitutionnalité devant les juridictions d'instance inférieures contre la violation des droits fondamentaux n'est soumise à la Cour constitutionnelle que par procédure déclinatoire. Aussi, le déclinatoire à la Cour constitutionnelle concerne également les cas de recours pour conflit d'attribution au sujet d'arrêts rendus par la Cour de cassation ou le Conseil d'État.

1 procédure de contrôle de constitutionnalité en action devant la cour constitutionnelle

La procédure de saisine en action devant la Cour constitutionnelle concerne celle engagée lors d'introduction d'instance pour le contrôle de constitutionnalité, pour l'interprétation des dispositions constitutionnelles et pour l'appréciation de la conformité de certains actes de pouvoirs publics prévus par la Constitution à cet effet.

Il s'agit également de requêtes pour les règlements de conflits entre l'État et les provinces ou entre les Institutions politiques et pour l'examen des contentieux électoraux. Elle est initiée directement par un sujet de droit devant la Cour sur des matières relevant de sa pleine compétence, telles que prévues par la Constitution.

En ce qui concerne le fond du droit concerné par l'annulation ou par la reformation de la loi attaquée pour violation de la Constitution, spécialement celle portant atteinte aux droits fondamentaux garantis par la Constitution, il y a la vieille opposition doctrinaire entre raison d'État et État de droit reste qui constante.

Le débat tourne autour de la question de savoir si c'est l'État qui revisite ses lois pour raison d'État, par la remise en cause de l'acte pris par l'organe générateur de la loi, c'est-à-dire, le pouvoir législatif pour un ajustement au changement de circonstances ou si c'est tout sujet de droit qui peut remettre en cause une loi portant attente à ses droits de citoyenneté dans un État de droit. Cette dernière possibilité se justifie par le droit à l'exerce des libertés républicaines et à la pleine jouissance de ses droits fondamentaux garantis par la Constitution.

Dans ce dernier cas, Cour constitutionnelle, comme gardien de la Constitution, dispose de l'autorité à reformer toute loi inconstitutionnelle ou tout acte de pouvoirs publics anticonstitutionnels.

Pour très longtemps, le principe de l'immuabilité de la loi était lié à la pérennité de l'État et de la sécurité juridique affirmée des lois. Ainsi, la maxime principale de l'ancien régime français était que pour raison d'État, ''les lois, une fois rédigées, demeurent telles qu'elles ont été écrites''.

Avec la Révolution française, une évolution s'est dessinée dans le sens « de laisser intacte la loi comme maxime générale, mais permettre à la jurisprudence de régler les détails de questions qui vont naître sur chaque matière. C'est donc la jurisprudence qui interprète la loi et répond en cas de silence de la loi »[34].

Cette révolution sociale française couvre également le courant de pensées de grands auteurs de l'époque des Lumières, où la codification des lois se place à l'origine du courant cartésien du droit comme le souligne Montesquieu dans son œuvre de « l'Esprit des Lois ».

Il reconnaît ce rôle primordial à la jurisprudence, lorsqu'il affirme « qu'il pourrait arriver que la loi, qui est en même temps clairvoyance et aveugle, serait, en certains cas, trop rigoureuse. Mais, les juges de la nation ne sont, comme nous les avons dit, que la bouche qui prononce les paroles de la loi ; des êtres inanimés qui n'en peuvent modérer ni la force ni la rigueur ».

Ainsi, « la codification des lois s'impose comme le modèle de droit, qui donne un statut positif au droit naturel, autant que le droit positif le trouve dans la loi »[35]

Il se pose là une première nécessité à réconcilier la loi et la jurisprudence, car, « l'esprit de judicature, qui est toujours appliqué à des détails et qui ne se prononce que sur des intérêts particuliers, ne pourrait souvent s'accorder avec

---

[34] Jean-Etienne-Marie PORTALIS, Commentaire de l'extrait du Discours préliminaire sur le projet de code civil, TDn°5.1801.

[35] MONTESQUIEU, *De l'esprit des lois,* GF Flammarion, Paris, 1979, p. 296

l'esprit du législateur, qui voit les choses plus généralement et d'une manière plus étendue et plus vaste »[36].

Il se pose là une première nécessité à réconcilier la loi et la jurisprudence, car, « l'esprit de judicature, qui est toujours appliqué à des détails et qui ne se prononce que sur des intérêts particuliers, ne pourrait souvent s'accorder avec l'esprit du législateur, qui voit les choses plus généralement et d'une manière plus étendue et plus vaste »[37].

Le poids de la jurisprudence sur la loi et le besoin de justice ressenti par le législateur ont poussé les magistrats tout comme le législateur à faire évoluer le droit vers son mouvement correspondant à la fois au changement des circonstances et à l'évolution des mentalités. Et, la grande faiblesse du positivisme juridique est celle d'avoir longtemps négligé cette mobilité et avoir voulu fixer le droit dans les règles rigides de la loi.

Mais, pour ne pas tomber dans le vice contraire, Portalis nous offre la profonde réflexion suivante : « La science du législateur consiste à trouver dans chaque matière, les principes les plus favorables au bien commun ; la science du magistrat est de mettre ces principes en action de les ramifier, de les entendre, par une application sage et raisonnée, d'émettre des hypothèses « privées », qui étudient l'esprit de la loi quand la lettre le tue. Il n'est donc pas question de ne pas s'exposer au risque d'être tour à tour esclave et rebelle, mais de désobéir à l'esprit de servitude à la lettre de la loi »[38].

À la suite de l'évolution historique, la pratique judiciaire mit le juge dans l'avant-plan du droit, dans son rôle d'alerte et d'appliquant de la loi.

Selon Michel Doyon, le juge s'impose dans la lecture de la loi, car selon lui, « on ne plaide jamais contre un texte précis de la loi. Il n'y a litige que lorsqu'il y a un doute au moins apparent. Si les juges, lorsque la loi n'est pas claire et précise, peuvent denier la justice, il y aura le désordre dans la société, et quel moyen auriez-vous de vider la contestation des hommes ? Sollicitera-t-on une loi muette pour régler ce cas particulier ? Ou s'en remettrait-on à la sagesse du juge ? Mais, si les parties n'auraient point contracté les juges sous la foi de cette loi qui n'existait point encore, elles ne pourraient donc être jugées. On tomberait dans tous les inconvénients du non-dit de droit ou de l'effet rétroactif »[39]. ·

---

[36] Chaim PERELMAN, *Le raisonnable et le déraisonnable en droit. Au-delà du positivisme juridique, Bibliothèque de philosophie de droit, Librairie générale de droit et la jurisprudence*, Paris, 1984, p. 28

[37]P.- A. FENET, *Recueil complet des travaux du Code Civil. Titre préliminaire. De la publication, des effets et de l'application des lois en général, présentation au Corps législatif, exposé des motifs parle Conseiller d'État Portalis,* 4ventôsean XI, pp. 359 et ss.

[38] P.- A. FENET, *Op. Cit.*

[39]J-MichelDOYON, *Droit, Loi et Équité, Revue Générale de droit,* Volume 26, numéro 2, juin,

La conclusion qui se dégage de ce discours sur l'importance de la jurisprudence dans le domaine du droit est celle longtemps débattue dans la sociologie de droit où le besoin de droit correspond à la peur du vide juridique ou de l'état de non-droit.

Les différentes théories qui caractérisent les positions positivistes de la sociologie de droit considèrent « qu'il n'est pas concevable qu'un fait quel qu'il soit, puisse être sans rapport au droit. Et donc, il n'existe aucune situation qui puisse être juridiquement hors du champ d'une disposition légale, réglementaire ou d'un principe général dégagé par la jurisprudence. Si un fait n'est pas juridiquement sanctionné, il est juridiquement permis et s'il n'est pas saisi par une législation particulière, on lui applique le droit commun »[40].

En acceptant ce rôle essentiel du juge dans la résolution des conflits et contentieux au niveau de l'État et de la Société, il s'est progressivement fait ressentir le besoin d'organiser l'État de droits par l'institution judiciaire où le jugement est rendu sur base des principes généraux de droit et de la coutume. Il s'est ajouté des droits fondamentaux, qui ont guidé la Révolution française autour de valeurs de la liberté, de l'égalité entre citoyens et la fraternité ou la solidarité entre les groupes sociaux et entre les peuples.

Il était de plus en plus admis que la modification de la loi pour incomplétude ou pour le relèvement des dispositions favorisant l'excès abusif du pouvoir n'était plus de la compétence exclusive du pouvoir législatif. Mais aussi, le juge pouvait accéder à cette compétence par acquis de la jurisprudence et de l'expérience. Ainsi, l'histoire s'est accélérée dans le sens de la consolidation de l'État de droit.

Il fut envisagé par la Constitution une institutionnalisation des juridictions ayant compétence à contrôler la constitutionnalité des lois et des actes règlementaires, à apprécier la conformité à la Constitution de certains actes portant organisation et fonctionnement des institutions politiques de l'État, à assurer la régulation de la vie politique, régler des contentieux électoraux et à être garant des libertés et droits fondamentaux des citoyens.

Cependant chaque État met en place des mécanismes adéquats en termes de procédures de saisie, du mode d'aborder le contentieux constitutionnel, préjudiciel ou individuel.

Une étude de législation comparée de certains Pays membres de l'Union européenne et des États-Unis nous présente les ressemblances et dissemblances des systèmes juridiques mis en place face « aux différentes problématiques de procédures dans le fonctionnement des Cours constitutionnelles, notamment

---

Éditions Wilson & Lafleur, inc. 1995, pp. 325-337.

[40]Anne-Marie HODINHDU, *Le vide juridique et le besoin de loi, pour un recours à l'hypothèse du no-droit, l'Année sociologique*, vol 57, numéro2, Presses Universitaires de France, Paris, 2007, pp. 419-453.

ceux relatifs aux recours devant le juge constitutionnel et la saisine par les particuliers »[41].

Ce qui suit ci-dessous dans les huit paragraphes reprend de manière presqu'intégrale le texte de cette étude comparative de certains États européens et des États-Unis d'Amérique pour des motifs pédagogique et instructif à l'intention des lecteurs.

Elle décline dans chaque pays le développement du mode de saisie par recours concernant le contentieux constitutionnel, préjudiciel ou individuel.

Et, cette différence influence la portée des contentieux et des intervenants à la saisine repris dans chaque cas, ainsi que le mode de leur résolution par chacune des Cours constitutionnelles.

J'ai accordé une attention particulière aux deux derniers paragraphes. Celui qui porte sur l'expérience française pour besoin d'inspiration dans le sens de nouvelles initiatives en perspective et l'autre sur la si breve expérience de la justice constitutionnelle en République Démocratique du Congo pour situer ses choix sur les questions ci-dessus évoquées.

§. 1. La République Fédérale d'Allemagne[42]

En République Fédérale d'Allemagne, les questions politiques ayant une incidence sur la protection de la Constitution sont traitées en vertu des articles 18, 21, 61 et 98 de la Constitution qui autorisent la Cour à statuer sur la déchéance des droits fondamentaux, l'inconstitutionnalité des partis politiques, la mise en accusation du Président fédéral par l'Assemblée fédérale (Bundestag) ou le Sénat (Bundesrat).

Sur la constitutionnalité des règles de droit et conformément aux articles 72, 93 et 126 de la Constitution fédérale allemande, la Cour constitutionnelle est saisie à la demande du Gouvernement fédéral, d'un gouvernement de l'État fédéré (Land) en cas de divergences d'opinion ou de doute sur la conformité formelle ou matérielle du droit fédéral ou du droit d'un État fédéré à la Constitution.

Mais, dans les cas de litiges relatifs au partage de compétences législatives entre la fédération et les États fédérés, la Cour constitutionnelle est saisie, conformément aux articles 72 alinéa 2 et 4 et 125 alinéa 2 de la Constitution, par l'Assemblée Fédérale, le Gouvernement fédéral, un gouvernement de l'État fédéré ou de la Représentation du peuple de l'État fédéré.

---

[41] *Étude de législation comparée, le recours devant le juge constitutionnel,* n°LC208, septembre 2010, Site au service des citoyens du Sénat de la France, pp.1-46

[42] *La Loi fondamentale pour la République fédérale d'Allemagne* du 23 mai 1949 *; Loi relative à la cour constitutionnelle fédérale du 12 mars1951.*

Au sujet de la protection des droits fondamentaux de la personne privée, la Cour constitutionnelle est saisie pour statuer sur les recours constitutionnels individuels formés par quiconque s'estime lésé par la puissance publique dans l'un de ses droits fondamentaux garantis par la Constitution conformément à l'article 93 de la Constitution. Le recours formé par les particuliers est une action directe.

Elle interprète la Constitution, à l'occasion de litiges sur l'étendue des droits et obligations d'un organe fédéral suprême ou d'autres parties qui sont investies de droits propres par la constitution ou par le règlement intérieur d'un organe fédéral suprême en vertu de l'article 93 alinéa 3 de la Constitution.

La Cour constitutionnelle est saisie par le Gouvernement fédéral, un gouvernement de l'État fédéré ou de la Représentation du peuple de l'État fédéré pour des conflits fédéraux et ceux concernant l'auto-administration des communes. Il s'agit de cas de divergences d'opinion sur les droits et les obligations entre l'État fédéral et un État fédéré, ainsi que de l'exercice du contrôle fédéral, en vertu des articles 84 et 93 de la Constitution.

Les communes et groupements de communes introduisent des recours constitutionnels au niveau du Tribunal constitutionnel de l'État fédéré pour des matières d'intérêt local et au niveau de la Cour constitutionnelle, lorsqu'il y a violation par une loi du droit d'auto-administration, sous réserve qu'il n'y ait pas eu de recours au niveau du tribunal constitutionnel de l'État fédéré.

Si le recours porte sur une décision juridictionnelle, la Cour peut casser le jugement et renvoyer, le cas échéant, l'affaire devant une autre juridiction dès lors que toutes les voies de recours ont été épuisées. À cette occasion, la cour peut déclarer nulle la loi contraire à la constitution sur laquelle repose le jugement qu'elle casse en vertu de l'article 95 alinéas 2 et 3 de la loi relative à la Cour constitutionnelle fédérale. Si le recours porte sur une loi, la Cour constitutionnelle peut déclarer celle-ci nulle.

La décision de la Cour mentionne la disposition de la Constitution à laquelle il est porté atteinte, ainsi que l'acte ou l'omission qui y contrevient. Elle peut également indiquer que la réitération de cet acte ou de cette omission (Widerholung) portera atteinte à la constitution.

Tout jugement rendu au pénal qui est revêtu de l'autorité de la chose jugée et qui repose sur une loi contraire à la Constitution peut faire l'objet d'une demande de réouverture de la procédure conformément aux dispositions du code de procédure pénale en vertu de l'article 79 alinéa 1er de la loi précitée.

Les autres catégories de décisions juridictionnelles qui reposent sur une loi déclarée nulle et qui ne sont plus susceptibles de recours restent inchangées. Toutefois, il ne peut pas être procédé à leur exécution.

La décision de la Cour constitutionnelle a ''force de loi''. En vertu de l'article 31 alinéa 2, la Cour a autorité à l'égard de tous, lorsqu'elle déclare la loi soit conforme, soit non-conforme à la Constitution ou bien encore nulle. L'annulation de la loi fait disparaître celle-ci depuis son origine.

Dans certains cas où la loi est déclarée non-conforme à la constitution, la Cour peut charger le législateur de l'obligation d'adopter de nouvelles dispositions dans un délai qu'elle détermine et déclarer que les dispositions inconstitutionnelles continuent de s'appliquer dans l'intervalle.

En ce qui concerne le contentieux expressément attribué à la Cour par une loi fédérale ou de l'État fédéré, en vertu des articles 93 et 99 de la Constitution, elle a compétence de statuer sur les matières qui lui sont soumises à cette fin.

Au sujet du contentieux préjudiciel porté devant la Cour constitutionnelle en vertu de l'article 100 et lequel peut être posé par n'importe quelle juridiction, son examen est soumis à l'autorisation préalable et discrétionnaire de la Cour constitutionnelle. Par ailleurs, la Cour exige que les motifs de la requête précisent ''*à quel point la décision du tribunal est dépendante de la validité de la norme contestée*, ainsi que les dispositions violées''.

En vertu des articles 24, 77 et 82 de la loi relative à la Cour constitutionnelle fédérale, les requêtes irrecevables ou manifestement infondées peuvent être rejetées par un vote à l'unanimité. La Cour recueille les observations des parties au procès, des organes qui ont participé à l'élaboration du texte incriminé, ou de ceux qui peuvent demander un contrôle de constitutionnalité, ainsi que ceux des Cours suprêmes fédérales ou des tribunaux constitutionnels des États fédérés. Elle sollicite, tant que de besoin, l'avis d'experts.

Les recours formés par les particuliers en action directe, en vertu des articles 93 alinéa1, 4 a° de la Constitution et suivant les articles de la loi relative à la Cour constitutionnelle fédérale qui permettent à toute personne qui estime avoir été lésée par un acte de la puissance publique dans ses droits fondamentaux protégés par les articles 1 à 19 ou garantis par les articles 20 alinéa 4, 33, 38, 101, 103 et 104 de la Constitution, de saisir directement la Cour constitutionnelle fédérale. Cet acte de la puissance publique peut être une loi, un règlement, une décision de justice, ou un acte administratif.

Le recours individuel est, en principe, un recours subsidiaire, la requête ne peut être introduite qu'après l'épuisement de toutes les autres voies de recours. Toutefois, la Cour constitutionnelle peut statuer avant l'épuisement des voies de recours, lorsque la requête présente une portée générale ou lorsque le passage par la totalité des voies de droit ordinaires entraînerait un risque grave et irréversible pour le requérant.

Si la requête est dirigée contre une décision de justice ou un acte administratif, elle doit être introduite dans le délai d'un mois à compter de la notification de l'acte de puissance publique ou de sa communication informelle si aucune notification n'est prévue.

Si la requête porte sur la constitutionnalité d'une loi ou d'un autre acte de souveraineté (règlement par exemple) insusceptible de recours, elle doit être introduite dans le délai d'un an à compter de la promulgation de la loi ou de la publication de l'acte en question.

L'examen au fond de la requête est soumis à l'autorisation préalable de la Cour constitutionnelle et n'est admis que s'il présente une importance fondamentale en droit constitutionnel ou s'il est opportun pour assurer le respect d'un droit fondamental, ce qui peut notamment être le cas lorsque le refus de se prononcer au fond causerait au requérant un préjudice particulièrement grave.

La décision rendue à l'issue de la procédure d'admission préalable est prise à l'unanimité par une des chambres (trois juges) de la Cour ou par un des deux sénats (huit juges) si au moins trois juges sont présents. Elle n'est ni motivée ni susceptible de recours. Les requêtes irrecevables ou manifestement infondées sont rejetées par un vote à l'unanimité.

Si la requête est dirigée contre une décision de justice, la Cour recueille les observations de la partie à laquelle le jugement est favorable. Si la requête est dirigée contre un acte administratif, la Cour recueille les observations du ministre ou de l'autorité administrative concernée.

La Cour peut également recueillir, selon les cas, les observations des organes qui ont participé à l'élaboration du texte incriminé ou de ceux qui peuvent demander un contrôle de constitutionnalité. Elle sollicite, en tant que de besoin, l'avis d'experts.

En conclusion, le Tribunal constitutionnel allemand peut, après avoir annulé une décision juridictionnelle, renvoyer l'affaire si elle est susceptible de recours devant une autre juridiction.

En revanche, les décisions juridictionnelles insusceptibles de recours ne peuvent être réformées. Elles restent en l'état, mais sont inapplicables.

Enfin, si le jugement qui s'appuie sur une loi contraire à la loi fondamentale a été rendu au pénal, le requérant peut demander la réouverture de la procédure au fond.

§2. La Belgique[43]

En Belgique, la Cour constitutionnelle reçoit les requêtes sur les recours en annulation totale ou partielle d'une loi, d'un décret ou instrument juridique de

[43]*La Constitution du Royaume de Belgique du 17 février 1994 ; Loi spéciale du 6 janvier 1989*

nature équivalente émanant du conseil des ministres et de gouvernements des communautés et des régions, de présidents des assemblées législatives, à la demande des deux-tiers de leurs membres et de toute personne, physique ou morale, publique ou privée, quelle que soit sa nationalité.

Ces requêtes concernent la violation des dispositions constitutionnelles relatives à la répartition des compétences entre l'État, les communautés ou les régions, celle des droits fondamentaux en vertu des articles du Titre II de la Constitution, celle du principe de légalité et de l'égalité en matière fiscale aux termes des articles 170 et 172 de la Constitution.

La Cour constitutionnelle de Belgique statue a posteriori après avoir été saisie directement de la constitutionnalité d'une norme par les autorités publiques ou les personnes intéressées. Elle peut être saisie par un particulier, directement ou indirectement par le biais d'une question préjudicielle.

Une question préjudicielle peut être posée par n'importe quelle juridiction et par des organes qui ne sont pas *stricto sensu* des juridictions comme ceux qui sont appelés à statuer sur des Associations officiellement reconnues, soit d'office par le juge ou l'autorité en question, soit à la demande de l'une des parties.

Lorsqu'une question de constitutionnalité est soulevée devant une juridiction, celle-ci a l'obligation de saisir la Cour constitutionnelle d'une question préjudicielle, telle que prévue par l'article 26 de la loi spéciale du 6 janvier 1989 sur la Cour constitutionnelle.

Il existe toutefois des exceptions à cette obligation, parce que toutes les juridictions sont dispensées de soulever la question préjudicielle lorsque l'action principale devant la juridiction en question est irrecevable, ou lorsque la cour constitutionnelle a déjà statué sur une question ou un recours ayant un objet identique.

Le juge constitutionnel se limite à écarter l'application de la norme contraire à la Constitution. Cela veut dire que lorsque la Cour constitutionnelle, saisie d'une question préjudicielle, a déclaré que la norme examinée n'était pas conforme à la Constitution, celle-ci subsiste dans l'ordonnancement juridique et la décision rendue n'a d'effet qu'entre les parties.

L'annulation de la norme peut être demandée ultérieurement par les personnes physiques ou morales justifiant d'intérêt, par le Conseil des ministres, par un gouvernement de communauté ou de région, par les Présidents des Assemblées législatives à la demande de deux-tiers de leurs membres.

Selon la jurisprudence constitutionnelle, le requérant justifie d'un tel intérêt s'il existe un lien direct entre disposition attaquée et préjudice allégué

---

sur la cour constitutionnelle.

ou si cette disposition a un effet défavorable sur sa propre situation. L'intérêt à agir doit être actuel, légitime et non aléatoire.

Il existe une procédure de filtrage des recours individuels appelée procédure préliminaire au cours de laquelle les rapporteurs examinent s'il apparaît ou non, au vu de la requête que le recours est manifestement irrecevable ou manifestement non fondé, que la Cour n'est manifestement pas compétente pour connaître des cas lui soumis.

La procédure de filtrage vise aussi à savoir si, en toute évidence, il peut être mis fin à l'affaire par une « réponse immédiate ». Les conclusions des rapporteurs sont notifiées aux parties qui ont quinze jours pour produire un mémoire justificatif.

À l'issue de la procédure, la Cour constitutionnelle peut prononcer soit un arrêt de « réponse immédiate » si le recours n'est pas fondé, soit une ordonnance constatant que la proposition de prononcer un tel arrêt n'est pas retenue, soit rendre un arrêt d'irrecevabilité ou d'incompétence.

§. 3. L'Espagne[44]

En Espagne, le Tribunal constitutionnel espagnol en vertu des articles 161 de la Constitution et 4, 27 et 31 de la Loi organique n° 2 du 3 octobre 1979 a compétence du contrôle de constitutionnalité sur des statuts de communautés autonomes et les lois organiques y afférentes, sur des lois et des textes de valeur législative, émanant de l'État ou des communautés autonomes, des traits internationaux et des règlements des assemblées constituant des organes d'État ou des communautés autonomes.

À ce titre, elle peut être saisie trois mois suivant la publication de l'acte par le Président du gouvernement, le défenseur du peuple « homologue du médiateur de la République en France », cinquante députés ou cinquante sénateurs et par les autorités exécutives et les assemblées des communautés autonomes pour les seuls recours qui concernent des actes qui empiètent sur le champ de compétences de ces collectivités territoriales.

Le Tribunal constitutionnel peut être saisi par les organes exécutifs de l'État comme par ceux de ces communautés en vertu de la Loi organique n° 2 du 3 octobre 1979, des articles 59 à 65 pour les conflits de compétence positifs qui concernent aussi bien les organes de l'État que ceux des communautés autonomes.

Les conflits de compétence négatifs relatifs à la détermination du titulaire d'une compétence qu'aucune autorité n'estime devoir assumer peuvent, pour

---

[44] *La Constitution espagnole du 27 décembre 1978 ; Loi organique n°2 du 3 octobre 1979 sur le tribunal constitutionnel.*

leur part, faire l'objet d'une saisine par toute personne physique ou morale qui a épuisé les voies de recours existantes et par le gouvernement.

Au sujet de la constitutionnalité des dispositions adoptées par les communautés autonomes, il est saisi par le Gouvernement, ce qui a pour effet de suspendre leur application et inversement l'État ou les communautés autonomes peuvent saisir le Tribunal constitutionnel du contentieux des lois qui viendraient à porter préjudice à l'autonomie locale.

Dans ce dernier cas, il est saisi soit par la municipalité ou la province destinataire unique de la loi, soit par un nombre de municipalités correspondant à 1/7 e de celles existantes dans le ressort d'application de la loi, dont la population représente au moins 1/6 è du total de celle-ci, soit enfin par un nombre de provinces correspondant à la moitié de celles existantes dans le même ressort, si elles représentent au moins la moitié de la population.

En ce qui concerne la protection de l'autonomie locale, l'arrêt indique si le principe d'autonomie locale a été mis à mal et désigne les organes titulaires des compétences contestées en résolvant, le cas échéant, les questions juridiques résultant de la violation des compétences.

Le Tribunal constitutionnel est saisi par le Gouvernement des dispositions adoptées par les organes des communautés autonomes et peut également se saisir, pour l'annuler, de tout acte ou décision qui porte préjudice à son pouvoir juridictionnel

Les articles 38 à 40 de la Loi organique n° 2 du 3 octobre 1979 prévoient en outre que les décisions de rejet rendues pour la préservation de l'autonomie locale rendent irrecevable toute demande nouvelle, par voie d'action ou par voie d'exception, qui se fonderait sur la contrariété à la même disposition constitutionnelle.

Si le tribunal a été saisi par voie d'exception, il communique sa décision au juge du fond afin que celui-ci la notifie aux parties à l'instance et si il déclare une disposition contraire à la constitution, la nullité qu'elle entraîne pour celle-ci vaut également pour les autres dispositions de la même loi qui lui sont liées, qu'elles aient ou non été déférées au juge constitutionnel.

Le Tribunal peut enfin être saisi directement (c'est-à-dire, sans filtrage), d'une question préjudicielle à l'occasion d'un procès, soit d'office, soit à la demande d'une partie par un juge au sujet de la constitutionnalité d'une disposition.

Il est nécessaire que le juge qui met en mouvement la procédure ait un doute sur la constitutionnalité de la norme à appliquer et que l'issue du procès qui lui est soumis dépende de la conformité de cette norme à la Constitution. Le procès est suspendu jusqu'à la décision du Tribunal constitutionnel.

En cas de conflit positif de compétences, le Tribunal constitutionnel donne la décision qui s'impose à tous les pouvoirs publics, avec pour objet de déterminer le titulaire de la compétence contestée, le cas échéant d'annuler l'acte en cause pour incompétence et de prendre les dispositions nécessaires pour la protection des droits en vertu de l'article 75 de la Loi organique du 3 octobre 1979.

Mais, en cas de conflit de compétence négatif le Tribunal constitutionnel qui fait droit à la demande qui lui est soumise, détermine l'administration de l'État à laquelle il revient d'exercer la compétence en cause.

§. 4. L'Italie[45]

En Italie, en vertu de l'article 134 de La Constitution, la Cour statue sur les questions relatives à la constitutionnalité des lois et des actes de l'État et des régions ayant force de lois, sur les conflits de compétence entre les autorités de l'État et celles des régions, entre des régions elles-mêmes, ainsi que les contentieux portant sur les accusations portées contre le Président de la République.

Les articles 123 et 127 de la Constitution prévoient respectivement que le Gouvernement peut saisir la Cour d'un recours concernant la constitutionnalité du statut d'une région dans les trente jours suivant la publication de celui-ci et d'un recours sur la constitutionnalité d'une loi régionale dans les soixante jours suivant la publication de celle-ci.

La Cour statue enfin sur la recevabilité des demandes de référendum tendant à l'abrogation d'une loi, conformément à l'article 2 de la loi constitutionnelle du 11 mars 1953 et sur les questions relatives à l'éligibilité des citoyens au Parlement, ainsi qu'à la désignation des membres de la cour constitutionnelle, en vertu des lois constitutionnelles du 22 novembre 1967 et du 11 mars 1953.

En ce qui concerne la saisine à l'occasion d'un autre contentieux, la Cour peut être saisie d'une question préjudicielle par toute autorité juridictionnelle devant laquelle une partie ou le ministère public soulève une question de constitutionnalité, en vertu de l'article 23 de la loi n° 87 du 11 mars 1953. Cette saisine, par les juridictions du fond, ne fait l'objet d'aucun filtrage.

En vertu de l'article 134 de la constitution, la Cour statue sur le cas spécifique de la saisine par les particuliers de façon indirecte, lorsqu'une question relative à la constitutionnalité d'une loi a été soulevée au cours d'un

---

[45]*La Constitution de la République italienne ; La Loi constitutionnelle n° 1 du 11 mars 1953, portant normes complémentaires à la constitution concernant la cour constitutionnelle ; La Loi constitutionnelle n° 2 du 22 novembre 1967 modifiant l'article 135 de la constitution et portant dispositions sur la cour constitutionnelle.*

procès par le ministère public ou d'office par le juge, ou encore par un particulier si elle n'est pas manifestement infondée.

En cas de rejet de recours et lorsque la décision y relative n'emportent pas l'assurance que la disposition contestée est conforme à la constitution, la Cour statue seulement sur les moyens qui lui ont été soumis. La disposition pourra être contestée sur un autre fondement par un autre juge ou par un autre requérant.

La décision n'a donc d'effet qu'entre les parties et n'empêche pas qu'un autre requérant invoque les mêmes moyens et elle peut retenir une interprétation de la Constitution différente de celle du juge qui l'a saisie, tout en ne déclarant pas la loi contraire à la constitution.

Lorsque la Cour constate l'inconstitutionnalité d'une disposition, qu'elle soit saisie dans le cadre d'un recours ou par une question préjudicielle, sa décision a des effets *erga omnes* puisqu'elle revient à une abrogation de la norme en question. Celle-ci ne peut plus être appliquée pour l'avenir.

Et si un arrêt de la Cour saisie par voie d'action déclare l'inconstitutionnalité d'une disposition, celle-ci ne peut plus, en vertu de l'article 36 de la Constitution, s'appliquer à compter du jour suivant la publication de la décision.

Les auteurs notent que par le passé en revanche, les effets d'une telle décision sont limités aux parties. La jurisprudence de la Cour a tenté de limiter les effets de ses décisions en ce qui concerne le « vide » législatif que pourrait entraîner la déclaration d'inconstitutionnalité d'une loi ou d'un acte règlementaire pour ne pas gêner le législateur ou l'exécutif qui en sont auteurs.

Ainsi, la Cour se reconnaît, de manière implicite, la compétence de rendre des décisions « additives » par lesquelles elle ajoute à la disposition législative ou réglementaire une norme qui faisait défaut. Mais, elle ne peut recourir à cette solution que quand il n'y a plus choix parmi d'autres, en considérant qu'il revient principalement au législateur de procéder à l'amendement des lois. La compétence des décisions substitutives par lesquelles elle retranche d'un texte une disposition contraire à la Constitution oblige la Cour à indiquer, en même temps, ce que la loi fondamentale exige en la matière tout en restant fortement précautionneuse pour ne pas heurter le législateur.

Et, la Constitution italienne prévoit que si la Cour déclare une disposition contraire à la Constitution, cette norme ne peut plus s'appliquer à compter du jour suivant la publication de la décision. Les effets passés de la disposition qui sont devenus définitifs ou qui sont prescrits ne peuvent plus être contestés, hormis le cas où celle-ci prévoyait des sanctions pénales.

Dans ce cas, en effet, l'annulation a pour effet de supprimer les condamnations devenues définitives et qui sont en cours d'exécution, lesquelles se trouvent dépourvues de fondement juridique et cessent par conséquent immédiatement en vertu de l'article 30 de la loi n° 87 du 11 mars 1959.

§. 5. Le Portugal [46]

Au Portugal, on distingue quatre types de contrôle de constitutionnalité : le contrôle préventif avant l'entrée en vigueur des normes contestées, le contrôle abstrait en dehors de tout litige, le contrôle par omission lorsqu'il est constaté et vérifié que la non-application de dispositions constitutionnelles résultent du fait que le législateur a omis d'adopter des dispositions législatives nécessaires pour qu'elles entrent en vigueur et le contrôle concret de légalité pour de normes protégées de façon spécifique par la Constitution et dont les litiges sont soumis devant le Tribunal constitutionnel.

Le contrôle préventif de constitutionnalité a été institué aux termes des articles 278 et 279 de la Constitution et 57 à 61 de la Loi organique n° 28 du 15 novembre 1982 portant organisation, fonctionnement et procédure devant le Tribunal constitutionnel.

Il peut être mis en œuvre sur saisine par le Président de la République pour les lois soumises à sa promulgation et les traités avant ratification, par le Premier ministre et un cinquième des députés à l'Assemblée de la République (Assembleia da República), soit 46 sur 230 membres actuellement

En ce qui concerne les Lois organiques, les normes régionales et les lois de la République concernant les régions autonomes, ainsi que les omissions législatives concernant les régions autonomes et les représentants de la République dans les régions autonomes, lorsqu'il s'agit de textes soumis à leur signature. À l'issue du contrôle de constitutionnalité préventif, les normes déclarées non conformes à la Constitution n'entrent pas en vigueur.

Le contrôle abstrait de constitutionnalité , est mis en œuvre, sans condition de délai et sans qu'il soit besoin que la disposition contestée ait été appliquée ou qu'elle ait fait l'objet d'un procès et son régime résulte des articles 281 et 282 de la constitution et 62 à 66 de la loi n° 28 du 15 novembre 1982.

Seuls, peuvent saisir le Tribunal constitutionnel en rapport avec ce contrôle le Président de la République, le Président de l'Assemblée de la République, le Premier ministre, l'équivalent du médiateur de la République, le Procureur général de la République et un dixième des députés à l'Assemblée de la République soit 23 sur 230 actuellement.

Si le juge ne déclare pas une norme inconstitutionnelle, sa décision ne lui interdit pas, par la suite, de revenir sur cette première appréciation à l'occasion d'une nouvelle saisine dans le cadre du contrôle abstrait ou du contrôle concret.

---

[46] *La Constitution de la République portugaise du 2 avril 1976 ; La Loi n°28 du 15 novembre 1982, sur l'organisation, le fonctionnement et la procédure devant le tribunal constitutionnel.*

La décision du juge produit ses effets à compter de la date d'entrée en vigueur de la norme déclarée contraire à la constitution. Cependant, l'article 282 de la loi fondamentale prévoit à ce principe général deux atténuations.

La première intervient lorsque la norme est déclarée non-conforme à une disposition constitutionnelle qui lui est postérieure, la décision du tribunal ne produit ses effets qu'à partir de l'entrée en vigueur de la disposition constitutionnelle.

Ainsi, le Tribunal constitutionnel peut enfin limiter les effets des décisions de non-conformité qu'il rend, pour des raisons tenant à la préservation de la sécurité juridique, à l'équité ou au respect d'un intérêt public d'importance exceptionnelle.

La seconde est également applicable aux décisions rendues en matière de contrôle de légalité, dont est chargé le Tribunal constitutionnel tant à l'encontre des normes régionales ou étatiques qui outrepassent les limites de l'autonomie régionale qu'au sujet des dispositions législatives qui contreviennent à des lois à valeur renforcée.

Si les droits des régions autonomes sont concernés, le Tribunal constitutionnel peut aussi être saisi par le représentant de la République dans une région, l'Assemblée législative de cette collectivité, son président, un dixième de ses membres et le président du Gouvernement régional.

Les juges du Tribunal constitutionnel et le ministère public devant celui-ci peuvent aussi utiliser ce type de recours pour soumettre au Tribunal constitutionnel des normes qui ont fait l'objet de trois déclarations d'inconstitutionnalité à l'occasion de l'exercice du contrôle « concret » examiné infra.

À l'issue du contrôle de constitutionnalité intervenant en dehors de tout litige, après l'entrée en vigueur des dispositions en cause ou le contrôle abstrait, la déclaration d'inconstitutionnalité d'une norme a des effets erga omnes, de sorte que la disposition incriminée ne peut plus être appliquée par quiconque.

Le contrôle de l'inconstitutionnalité par omission résulte d'un constat vérifié par le Tribunal constitutionnel sur une omission du législateur ayant empêché la mise en application d'une loi. Le Tribunal constitutionnel est saisi par le Président de la République, l'équivalent du médiateur et le Président de l'assemblée délibérante d'une collectivité ou d'une région, au cas d'une remise en cause de leurs droits constitutionnels à l'autonomie.

À l'issue du contrôle de l›inconstitutionnalité par omission, le Tribunal constitutionnel ne peut pas combler par lui-même le vide causé par une omission législative, ni enjoindre au législateur de voter une loi à cette fin. En revanche, il donne acte au demandeur de l'existence de cette omission, par le biais d'une décision « déclaratoire » qui est portée à la connaissance des organes législatifs compétents afin qu'ils en tirent les conséquences.

Le contrôle concret de légalité de normes protégées de façon spécifique est celui exercé en vertu des articles 280 et 281 de la Constitution, où le Tribunal constitutionnel statue sur la légalité des normes régionales ou étatiques qui outrepassent les limites de l'autonomie régionale et celle des dispositions législatives qui contreviennent à des lois à valeur renforcée, semblables aux lois organiques, ainsi que des décisions juridictionnelles qui refusent d'appliquer une loi en raison de son incompatibilité avec une loi à valeur renforcée..

Les autres compétences du Tribunal constitutionnel, en vertu de l'article 223 de la Constitution, concerne l'empêchement du Président de la République, les recours tendant à faire perdre son mandat à un député à l'Assemblée de la République ou aux assemblées des régions autonomes ; le contentieux de l'élection à la Présidence de la République, à l'Assemblée de la République, aux assemblées des régions autonomes et au Parlement européen ; la légalité de l'organisation des référendums nationaux avant leur déroulement et les irrégularités survenues au cours de la votation et la légalité des référendums locaux avant leur déroulement et les irrégularités survenues au cours de ces votations.

Le contrôle de la vie politique par le Tribunal constitutionnel est appliqué en vertu des articles 9 de la Constitution et 10 de la loi n° 28 du 15 novembre 1982, l'enregistrement des partis politiques, la légalité de leur appellation et de leur sigle (il peut ordonner leur dissolution) et aux termes des articles 23 à 27 et 33 de la loi n° 19 du 20 juin 2003, les comptes des partis politiques, ainsi que ceux des campagnes électorales et l'enregistrement des déclarations de patrimoine que déposent les titulaires de charges politiques en vertu de l'article 11 de la loi n° 28 du 15 novembre 1982.

Ce contrôle « concret » comme le qualifie l'article 280 de la Constitution, est un contrôle de la décision rendue par une juridiction inférieure qui porte une appréciation sur la constitutionnalité d'une norme à appliquer.

Au Portugal, tous les tribunaux sont compétents pour apprécier, y compris en la soulevant eux-mêmes d'office au cours d'un procès la constitutionnalité d'une norme sans avoir à saisir le tribunal constitutionnel en cas de doute. Ils s'abstiennent alors de l'appliquer s'ils l'estiment contraire à la loi fondamentale. La seule limite est celle selon laquelle, la question de constitutionnalité doit constituer un élément déterminant pour la solution du litige soumis au juge et l'ensemble des voies de recours doivent avoir été épuisées.

Le recours est ouvert aux parties au procès, dans les dix jours suivant la notification de la décision du tribunal qu'elles ont saisi de la demande initiale, au ministère public qui est tenu de déposer un recours si la norme présumée inconstitutionnelle que le tribunal refuse d'appliquer est un traité, une loi, le règlement d'application d'une loi ou encore si la décision de justice applique une norme déjà déclarée contraire à la Constitution par le Tribunal constitutionnel.

Pour le cas spécifique de la saisine par les particuliers, le Tribunal constitutionnel est investi du contrôle de constitutionnalité de la loi. Il n'est pas chargé de la sauvegarde des droits fondamentaux. En conséquence, le seul cas dans lequel un particulier peut saisir le Tribunal constitutionnel est celui dans lequel, à l'issue d'un procès devant les juges chargés de statuer au fond, après épuisement des voies de recours, lorsque la décision a été rendue en faisant référence à une disposition de la Constitution, l'une des parties au procès défère ce jugement au Tribunal constitutionnel dans le cadre du contrôle concret.

À l'issue du contrôle de constitutionnalité à l'occasion d›un litige relevant du contrôle concret, la décision du Tribunal constitutionnel peut ordonner au juge de reformuler sa décision ou de rejeter le recours. Elle n'a d'effet qu'entre les parties, pour le cas d'espèce soumis au juge. La norme dont l'application est écartée demeure en vigueur. Elle peut donc être appliquée dans un autre procès.

Cependant, si un tribunal de droit commun rend une décision contraire à la jurisprudence du Tribunal constitutionnel, celle-ci sera obligatoirement soumise à ce Tribunal.

Au surplus, lorsqu'une norme est jugée inconstitutionnelle dans trois cas, un juge du Tribunal constitutionnel ou le ministère public peuvent déférer la décision à ce Tribunal, afin qu'il procède à un contrôle abstrait de la décision.

§6. Les États-Unis[47]

Aux États-Unis, la Cour suprême américaine est placée au sommet de la hiérarchie judiciaire. Le pouvoir judiciaire des États-Unis sera dévolu à une cour suprême et à de telles cours inférieures que le Congrès pourra, le cas échéant, ordonner ou *établir*, en vertu de l'article 3, section 1er de la Constitution américaine.

En ce qui concerne les recours, la Cour suprême exerce une compétence de premier et dernier ressort sur toutes les affaires concernant les ambassadeurs, les autres ministres publics et consuls, toutes les affaires relevant de l'Amirauté et de la juridiction maritime, les différends dans lesquels les États-Unis seront partie et les différends dans lesquels un État est partie.

La Cour Suprême a également une compétence d'appel et de dernière instance qui s'étend à toutes les affaires, en droit et en équité, survenues sous l'empire de la présente constitution, des lois des États-Unis et des traités déjà conclus ou qui viendraient à l'être, sous leur autorité.

---

[47] *La Constitution des États-Unis d'Amérique ; les Règles de la Cour suprême des États-Unis adoptées le 12 janvier2010.*

La Cour est compétente pour apprécier la conformité à la Constitution des États-Unis, d'une loi fédérale ou de celle d'un État, d'un acte de l'exécutif fédéral. Le principe du contrôle de constitutionnalité des lois fédérales par la Cour, qui ne figure pas dans la Constitution, a été reconnu par « la décision Marbury v. Madison en 1803 » [48]et par « la décision Fletcher V. Peck de 1810 »[49].

La Cour suprême opère un contrôle a posteriori et concret qui ne s'exerce que dans le cadre d'un litige. Elle ne peut pas être saisie à titre préjudiciel, car, elle n'a pas le monopole du contrôle de la constitutionnalité des lois. En effet, toutes les juridictions inférieures, qui ont une compétence fédérale, sont également compétentes pour statuer sur les problèmes de constitutionnalité rencontrés lors de l'examen des affaires qui leur sont soumises.

En ce qui concerne le cas spécifique de la saisine par les particuliers, la Cour suprême peut être saisie dans le cadre d'une affaire relevant de sa compétence par tout intéressé. Dans la plupart des cas, la Cour suprême est saisie par les particuliers en qualité d'instance d'appel.

Elle a ainsi pour mission de statuer sur les décisions de première instance des juridictions inférieures, tribunaux fédéraux, tribunaux des États et cours suprêmes des États, rendues dans des affaires qui mettent en cause la Constitution et, de manière plus générale, dans toutes celles qui peuvent intéresser la fédération.

La Cour suprême choisit seule et de manière discrétionnaire les recours qu'elle accepte d'examiner en accordant la préférence aux affaires qui donnent lieu à des interprétations divergentes de la Constitution et à des conflits de jurisprudence sur des points importants du droit fédéral (règlement de la Cour suprême en vertu de l'article 10 de la Constitution.

Pour rendre sa décision, elle se fonde sur les arguments écrits des parties, voire sur ceux développés par des tiers qui ont demandé l'autorisation de faire valoir leur point de vue (*amicus curiae*) et procède à l'audition de leurs avocats.

À l'occasion d›un litige particulier, la Cour suprême peut déclarer contraire à la Constitution une loi fédérale, un acte de l'exécutif fédéral, ou la loi d'une législature d'un des États. Dans ce cas, la Cour suprême n'annule pas l'acte ou

---

[48] Un arrêt de la Cour suprême des États-Unis (arrêt 5 U.S. 137) rendu le 1er février 1803. La cour affirme la capacité, pour les tribunaux et en particulier pour elle-même, de juger de la conformité des lois à la Constitution et d'écarter, en ne les appliquant pas, celles qui y contreviendraient.

[49] Après l'abrogation de la loi sur la propriété des terres en rapport avec le titre original des Amérindiens selon l'acte de 1795, la décision de la Cour suprême Court ruling [edit] a statué que l'abrogation de la loi par le législateur était inconstitutionnelle, car la clause contractuelle de la Constitution, ne peut être invalidée même si elle est illégalement garantie. La Cour a ainsi affirmé son droit d'invalider les lois de l'État qui sont en contradiction avec la Constitution.

la loi en question, mais le ou la déclare seulement juridiquement inapplicable au cas d'espèce.

La décision de la Cour suprême ne lie en principe que les parties au procès. Cette décision constitue toutefois un précédent qui sert de référence aux juridictions inférieures dans des affaires similaires. La Cour quant à elle, ne se considère pas liée par le précédent et peut en faire abstraction si elle l'estime nécessaire dans une autre affaire.

§. 7. La France[50]

En France, selon l'article 61, alinéa 2 de la Constitution du 27 octobre 1946, l'ouverture pour accès au Conseil constitutionnel, était à l'origine réservée au Président de la République, au Premier Ministre, au Président de l'Assemblée nationale et Président du Sénat. Elle s'était ensuite élargie à l'opposition politique, conformément à la loi constitutionnelle de 1974, permettant ainsi à une soixantaine de députés ou sénateurs de soumettre au Conseil constitutionnel des moyens d'inconstitutionnalité de la loi votée avant la promulgation.

A l'alinéa 3 de l'article 62 de la Constitution, il y a été même mise en place une procédure contradictoire, grâce à laquelle il est procédé à un échange contradictoire entre les auteurs de la saisine, qui contestent la conformité de la loi à la constitution et le Gouvernement qui la défend.

Le Conseil constitutionnel juge deux types principaux de contentieux. Le premier a trait au droit constitutionnel et le second au droit électoral. Il statue sur la conformité à la constitution des lois avant leur promulgation et sur celle des engagements internationaux avant leur ratification ou leur approbation lorsqu'il est saisi par le Président de la République, le Premier ministre, le Président du Sénat, celui de l'Assemblée nationale, ainsi que par 60 députés ou 60 sénateurs. Ses décisions, qui interviennent avant l'entrée en vigueur des dispositions contestées, peuvent les censurer de façon totale ou partielle et empêcher leur entrée en vigueur.

Le Conseil examine de façon systématique les lois organiques et les règlements des assemblées. Il est le juge de la répartition des compétences fixées par la Constitution entre la loi et le règlement ainsi qu'entre l'État et une collectivité d'outre-mer. Il statue également sur les incompatibilités avec les fonctions parlementaires, et en matière de contentieux électoral sur l'élection du président de la République, sur celle des membres du Parlement, ainsi que sur les opérations de référendum.

---

[50]*La Constitution française du 27 octobre 1943 ; la Loi constitutionnelle de la France de 1974 ; la Loi constitutionnelle de la France du é » juillet 2008 ; la Loi organique 92-23 30 mai 1992 sur le Conseil Constitutionnel.*

La Loi constitutionnelle du 23 juillet 2008 a élargi les compétences de la Cour en instituant une question prioritaire de constitutionnalité. L'article 61-1 de la Constitution dispose désormais que lorsqu'à l'occasion d'une instance en cours devant une juridiction quelconque. Il est soutenu que lorsqu'une disposition législative porte atteinte aux droits et libertés garantis par la Constitution, le Conseil peut être saisi de cette question sur le renvoi du Conseil d'État ou de la Cour de cassation.

L'article 62 de la Constitution française précise qu'une disposition déclarée inconstitutionnelle dans ce cadre est abrogée à compter de la décision du Conseil ou d'une date fixée par cette décision et que le juge constitutionnel détermine les conditions et les limites dans lesquelles les effets que la disposition a produits sont susceptibles d'être remis en cause. Un justiciable peut donc, pour la première fois en France, obtenir de façon indirecte l'abrogation d'une loi.

En ce qui concerne le contentieux électoral, en vertu de l'article 29 de la Constitution, de l'article 2 de la Loi organique 92-23 du 30 mai 1992 sur le Conseil Constitutionnel et l'article 129 du Code électoral, le Conseil constitutionnel est compétent pour connaitre des contestations dirigées contre les élections du Président de la République, des députés et des Sénateurs.

Pour affirmer l'authenticité d'une opération électorale, le législateur a organisé le régime de recours juridictionnels tendant à l'annulation ou à la reformation du résultat de l'élection suivant la procédure contentieuse devant le Conseil constitutionnel.

§ 8. La République Démocratique du Congo[51]

Notons que nombreux principes généraux de droit constitutionnel sur lesquels sont fondés le contrôle de constitutionnalité et autres matières relevant de la compétence de juridictions constitutionnelles se retrouvent dans la Constitution de la République démocratique du Congo avec quelques caractères distinctifs. Nous noterons que la saisine en action est presque la même que celle relevée dans l'étude sur les Pays ci-dessus.

En République Démocratique du Congo, aux termes de l'article 160alinéa 1 et 2 de la Constitution, la saisine devant la Cour constitutionnelle pour le contrôle de la constitutionnalité en action des lois organiques et des lois avant leur promulgation et des Règlements intérieurs des Chambres parlementaires et du Congrès, des assemblées provinciales et des Institutions d'appui à la Démocratie avant leur mise en application, est sous l'initiative des autorités politiques désignées par la Constitution selon l'article 160 alinéa 3.

---

[51]*La Constitution de la République Démocratique du Congo, modifiée par la Loi n°11/002 du 2à janvier 2011 portant révision de certains articles de la Constitution de la République Démocratique du Congo du 18 février 2008 ; La loi organique n° 13/026 du 15 octobre 2013 portant organisation et fonctionnement de la Cour constitutionnelle.*

Il s'agit du Président de la République, du Premier ministre et du dixième des députés ou des sénateurs pour le premier cas, du Président de l'Assemblée Nationale et du Président du Sénat pour les trois cas correspondants, ainsi que celle du Président d'une Assemblée provinciale et d'une Institution d'appui à la démocratie pour les derniers cas.

En vertu de l'article 139, points 1 à 4 La Cour constitutionnelle peut être saisie d'un recours visant à faire déclarer une loi à promulguer non conforme à la Constitution par le Président de la République et le Premier Ministre dans les quinze jours qui suivent la transmission à leur faite de la loi définitivement adoptée, le Président de l'Assemblée nationale ou le Président du Sénat ou encore un nombre de députés ou de sénateurs au moins égal au dixième des membres de chacune des chambres, dans les quinze jours qui suivent son adoption définitive.

L'alinéa 2 du même article 139 dispose que la loi ne peut être promulguée que si elle a été déclarée conforme à la Constitution par la Cour constitutionnelle qui se prononce dans les trente jours de la saisine. Toutefois, à la demande du Gouvernement, s'il y a urgence, ce délai est ramené à huit jours. Passé ces délais, la loi est réputée conforme à la Constitution.

La Constitution a reconnu également à toute personne en vertu de l'alinéa 2 de l'article 162, la possibilité de saisir la Cour constitutionnelle pour inconstitutionnalité de tout acte législatif ou réglementaire.

L'article 161 est consacré à la saisine en interprétation de la Constitution introduite par le Président de la République, le Gouvernement, le Président du Sénat, le Président de l'Assemblée nationale, d'un dixième des membres de chacune des chambres parlementaires, les Gouverneurs de province et les Présidents des assemblées provinciales.

La saisine sur des conflits de compétences entre le pouvoir exécutif et le pouvoir législatif, ainsi qu'entre l'État et les provinces est, selon le bon sens, sous l'initiative du Président de la République, du Président de l'Assemblée nationale et du Sénat ou du dixième des députés et des sénateurs, des Gouverneurs de province. Nous parlons du bon sens pour les autorités politiques ayant qualité de saisir la Cour, à cet effet, puisque ce n'est pas explicité dans le texte de la Constitution.

Pour le contentieux des élections présidentielles, législatives, la Cour connaît les recours de plaignants suivant les modalités fixées par la loi électorale, en vertu de l'article 5 de la Constitution et pour le référendum, la saisine est prévue par l'article 218 points 1 à 4 de la Constitution.

En cas d'infractions politiques de haute trahison, d'outrage au Parlement, d'atteinte à l'honneur ou à la probité, ainsi que pour les délits d'initié et pour les infractions de droit commun commises dans l'exercice ou à l'occasion de l'exercice de leurs fonctions, la Cour constitutionnelle est le juge pénal du Président de la République et du Premier ministre, conformément l'article 164 de la Constitution.

Les décisions de leurs poursuites ainsi que de leur mise en accusation sont prises sur vote d'une majorité de 2/3 des membres du Parlement composant le Congrès, suivant la procédure prévue par son Règlement intérieur, en vertu d'article 166 de la Constitution.

La procédure de saisine pour le contrôle de constitutionnalité en action, ainsi que d'autres matières relevant de la compétence de la Cour constitutionnelle consiste à l'introduction directe de la requête et à la conformité aux règles de délai prévues par la loi en la matière.

Quelle est la procédure déclinatoire en exception d'inconstitutionnalité devant la Cour Constitutionnelle ?

2. Procédure déclinatoire en exception d'inconstitutionnalité devant la Cour Constitutionnelle

La procédure déclinatoire est l'acte procédural par lequel une juridiction décline sa compétence au profit d'une autre ayant compétence sur la matière en cause ou celle qui bénéficie d'un droit de juridiction soit d'instance soit de territoire.

J'ai voulu adopter cette définition pour élargir le champ d'application du déclinatoire au-delà de cas classiques connus entre les tribunaux judiciaires et tribunaux administratifs ou commerciaux, auxquels cas le tribunal de conflit est chargé de trancher sur l'attribution ou sur la compétence.

En République Démocratique du Congo, le déclinatoire pour renvoi ou transfert d'une affaire devant une juridiction compétente a dépassé la simple expression d'un déclinatoire facultatif ou délibératif pour prendre celle d'un déclinatoire obligatoire aux termes de l'alinéa 3 de l'article 162 de la Constitution.

Il ne s'agit donc plus d'un simple relèvement par le tribunal de conflits à la suite d'un recours de l'une des parties au procès pour incompétence en la matière ou défaut de localisation territoriale du tribunal d'instance.

Le cas général d'exception en inconstitutionnalité est celui d'une action indirecte introduite par un particulier devant une juridiction au cours d'un procès, afin que le juge de fond adresse une question préjudicielle à la Cour constitutionnelle.

L'insistance sur l'obligation légale de ce renvoi ne concerne pas seulement le caractère suspensif de l'affaire dans la juridiction, devant laquelle elle a été soumise, mais aussi et surtout le caractère impératif de renvoi à la juridiction compétente dans le délai le plus bref ou pour reprendre les termes de la disposition sus-évoquée : « toutes affaires cessantes ».

Cela vise à contrarier la pratique judiciaire vicieuse, qui consisterait souvent à geler la demande par la juridiction concernée ou à joindre l'exception au fond et rendre ainsi le jugement sans prendre en considération l'exception évoquée par l'une des parties dans l'affaire en cause.

L'ampleur de nombreux recours fondés ou erronés pour exception d'inconstitutionnalité portée devant les juridictions, montre un réel risque de débordement à la fois au niveau de tribunaux qu'au niveau de la Cour constitutionnelle. Il y a donc lieu d'accorder de plus en plus d'attention pour la régulation de ces requêtes en exception d'inconstitutionnalité, sans pour autant laisser la voie à leur étouffement.

Au regard de nombreux abus par les justiciables au sujet de matières pouvant faire l'objet d'un déclinatoire, spécialement en exception d'inconstitutionnalité, il a été tracé une limite de procédure destinée éventuellement à éviter son usage à des fins dilatoires pour reporter la solution du tribunal qui juge le litige.

À ce sujet, nous voulons situer l'exercice de cette exception d'inconstitutionnalité dans les Pays, particulièrement, dans ceux de Pays ayant fait l'objet dans l'étude comparative précédemment présentée.

En France, par exemple, il a été opéré une différence entre la Question Prioritaire de Constitutionnalité (QPC) et la question préjudicielle déterminée à l'issue du litige au procès ou l'exception d'inconstitutionnalité.

La Question Prioritaire de Constitutionnalité permet la saisie du Conseil constitutionnel afin d'abroger des dispositions législatives qui apparaitraient anticonstitutionnelles a posteriori à condition qu'elle n'ait pas déjà fait l'objet d'un contrôle de constitutionnalité.

Notons que cette dernière notion est intervenue en France lors de la promulgation de la Loi organique du 2 décembre 2009 dans son article 61, faisant suite à la révision constitutionnelle du 22 juillet 2008. Il a été ainsi introduit l'alinéa suivant : lorsqu'à l'occasion d'une instance en cours devant une juridiction, il est soutenu qu'une disposition législative porte atteinte aux droits et libertés garantis par la Constitution, le Conseil constitutionnel peut être saisi de cette question sur renvoi du Conseil d'État ou de la Cour de Cassation et se prononce dans un délai déterminé.

Et l'article 30 de la Constitution française ajoute qu'une disposition déclarée inconstitutionnelle sur le fondement de l'article 61, alinéa 1 est abrogée.

Mais, dans la pratique judiciaire française, il a été élaboré six conditions de recevabilité en exception d'inconstitutionnalité.

La première exige que la motivation à l'invocation de l'inconstitutionnalité de la norme soit applicable au litige ou à la procédure et soit présentée dans un écrit distinct. La deuxième est celle qui se rapporte à une disposition législative démontrant qu'il y a atteinte aux libertés et droits fondamentaux garantis par la Constitution. La troisième est celle qui oblige son inscription dans une instance en cours par une des parties au procès. La quatrième est celle qui impose qu'elle soit nouvelle, c'est-à-dire, que la juridiction ayant compétence en matière constitutionnelle ne se soit pas déjà prononcée expressément là-dessus, à moins d'un changement de circonstances. La cinquième est celle qui exige que l'exception d'inconstitutionnalité introduite soit nécessaire à la solution du litige. La sixième est celle selon laquelle, l'introduction de l'exception d'inconstitutionnalité n'est pas dépourvue du caractère sérieux.

A ces conditions citées, il est reconnu à tout particulier la protection de ses droits constitutionnels, mais la recevabilité d'une telle action est soumise à l'obligation d'avoir épuisé l'ensemble d'autres voies de recours.

En Espagne, l'action la plus originale est celle ''d'amparo'' par laquelle à la saisie d'un recours en exception d'inconstitutionnalité, la Cour constitutionnelle peut déclarer la nullité de la décision qui viole les droits individuels. Elle peut déterminer l'étendue de ceux-ci, reconnaître le droit ou la liberté publique mis en cause et elle peut également rétablir le requérant dans l'intégralité de son droit ou de sa liberté en édictant des mesures propres à en garantir la conservation.

Sa compétence pour la protection des droits et libertés individuels, dont le régime de recours résulte de la Loi organique n° 2 du 3 octobre 1979 dans ses articles 41 à 47, est destiné à obtenir le rétablissement ou la préservation des droits essentiels reconnus par les articles 14 à 29 de la Constitution.

Il ne peut être introduit qu'après l'épuisement des voies juridictionnelles de recours par la personne concernée, le défenseur du peuple et le ministère public.

En Allemagne, au-delà de l'exigence à tout particulier ayant engagé une action directe pour obtenir la protection d'un droit fondamental lésé par un acte de puissance publique, il n'aura pas la seule obligation d'épuiser les autres voies de recours, mais aussi et surtout l'obligation d'obtenir une autorisation préalable de la Cour constitutionnelle.

En Belgique, l'action directe par le particulier devant la Cour constitutionnelle ne peut s'ouvrir que dans un délai de six mois suivant la publication du texte contesté, mais aussi soumis à la condition d'avoir un intérêt à agir et sous réserve d'une procédure de filtrage.

Au Portugal, le seul cas où un particulier peut intenter une action en inconstitutionnalité devant le tribunal constitutionnel est celui où il conteste la décision du juge du fond qui a interprété la Constitution dans le cadre du contrôle concret.

En République Démocratique du Congo, la courte expérience est contrariée par le manque de maitrise des recours en exception d'inconstitutionnalité, lesquels attaquent plus les actes de procédure judiciaire que les atteintes réelles aux libertés et droits fondamentaux par les actes législatifs ou réglementaires.

Nous avons tenu à illustrer quelques arrêts en réponse aux requêtes en exception d'inconstitutionnalité introduites par les particuliers et qui se sont soldées soit par irrecevabilité soit par l'incompétence de la Cour.

Un premier arrêt rendu sous R.Const.185 de la Cour constitutionnelle répondait à la requête du 09 décembre 2015, introduite par un particulier en inconstitutionnalité des poursuites dans la procédure pendante devant le Tribunal de Paix de Kinshasa Ngaliema sous RP 26683. Dans la description des faits, le requérant soutient qu'en date du 20 août 2015, le défendeur en cette cause, soumettait au Tribunal de paix de Kinshasa Gombe, sous RP. 26683, des faits selon lesquels il se déclarait propriétaire d'une parcelle de terre, non identifiée et non localisée.

Le requérant affirme que par rapport à cette accusation, portant sur l'occupation illégale mise à sa charge, les juges du Tribunal de Paix de Kinshasa Ngaliema ne lui ont pas donné, l'occasion de développer ses moyens, relatifs à l'irrecevabilité de l'action tirée du défaut de qualité et de l'inconstitutionnalité des poursuites. En conséquence, il saisit la Cour en inconstitutionnalité, et attend que le Tribunal de paix de Kinshasa Ngaliema puisse surseoir à statuer.

La Cour souligne qu'en matière d'inconstitutionnalité, sa compétence est fixée par les articles 162 alinéa 2 de la Constitution de la République Démocratique du Congo, telle que révisée à ce jour, 43 et 48 de la Loi organique du 15 octobre 2013 portant organisation et fonctionnement de la Cour constitutionnelle, 38 et 46 alinéa 1 de son règlement intérieur du 30 avril 2015. Elle précise que cette compétence est limitée au seul contrôle de la conformité à la constitution des actes législatifs et réglementaires.

Elle note que la requête qui la saisit, en ce jour, postule l'inconstitutionnalité des poursuites dans une procédure pendante devant le Tribunal de Paix de Kinshasa Ngaliema sous R.P 26683 et constate que lesdites poursuites ne constituent ni un acte législatif, ni un acte réglementaire au sens de l'article 162, alinéa 2 de la constitution, et qu'elles y échappent de sa compétence. Elle dira également qu'elle est incompétente à statuer sur la surséance de la procédure devant le Tribunal de Paix de Kinshasa Ngaliema. En conséquence, elle se déclare incompétente à statuer sur la requête qui la saisit.

Un deuxième arrêt est celui enrôlé sous R.Const.134/330/135/331/TSR et rendu par la Cour constitutionnelle en jonction de requêtes, par lesquelles, deux prévenus ont soulevé l'exception d'inconstitutionnalité au tribunal de paix d'Irumu lors des audiences publiques du 17 novembre 2014 sous RP 315 et celle du 18 décembre 2014 sous RP 332.

Ces deux prévenus attaquent les mandats d'arrêt provisoires signés à leur endroit le 16 septembre 2014 sous RMP 19.838 en violation des articles 17 alinéas 1er et 2 et 18 de la Constitution.

Ils ont ajouté que ces mandats d'arrêts indiquent un texte abrogé, en l'occurrence le Décret du 11 Juillet 1923, dans ses articles 32 et 34. Ils estiment que les poursuites ainsi engagées sont, dès lors, en violation de la Constitution et soulignent que le Tribunal de Paix d'IRUMU avait ordonné, par jugement avant dire droit, la surséance à statuer dans ces deux causes respectivement le 15 décembre2014 et le 19 décembre 2014 en saisissant, par la même occasion la Cour constitutionnelle.

Par ailleurs, ils ont allégué que, dans sa requête n° 1614 du 24 octobre 2014, le procureur de la République s'est fondé sur l'article 7 de l'ordonnance-loi N°82-20 du 31 mars 1982 portant code de l'organisation et compétence judiciaire, laquelle a été abrogée par les dispositions de l'article 156 litera 1 de la loi organique portant organisation, fonctionnement et compétence des juridictions de l'ordre judiciaire, qu'en l'espèce les poursuites fondées sur une loi abrogée sont manifestement inconstitutionnelles et illégales.

Sous requêtes RP 332, les demandeurs ont soulevé les mêmes moyens contre les mandats d'arrêt provisoire du 2 septembre 2014 et la requête aux fins de fixation d'audience n° 1751 du 21 novembre 2014, étant entendu que le Tribunal s'était prononcé dans les mêmes termes que sous RP 315

En raison de leur connexité, pour une bonne administration de la justice, la Cour a ordonné la jonction des deux causes enrôlées sous R.Const.134/330/TSR et R.Const.135/331/TSR. La Cour constitutionnelle s'est déclarée compétente pour examiner les exceptions d'inconstitutionnalité soulevées devant le Tribunal de Paix d'Irumu à Bunia en vertu de l'article 162 alinéas 1, 2 et 4 de la Constitution.

L'examen de cette affaire révèle que les griefs dirigés contre les mandats d'arrêt provisoire visent la violation, par le magistrat instructeur, des règles de procédure pénale relatives à la détention préventive, la non-conformité de ces mandats au modèle prescrit par le procureur général de la République et la référence au décret du 11 juillet 1923 déjà abrogé.

Quant à la requête aux fins de fixation d'audience du 2 septembre 2014 et les citations à prévenus y relatives instrumentées le 30 octobre 2014 et celle du 21 novembre 2014 et les deux citations à prévenus du 08 décembre 2014 consécutives aux deux premières. Ils soutiennent qu'elles renvoient à l'article 7 du Code de l'organisation et de la compétence judiciaires qui est abrogé par la loi organique portant organisation, fonctionnement et compétences des juridictions de l'ordre judiciaire.

La Cour a fait observer que la référence à une loi abrogée ou inappropriée dans une procédure n'implique pas l'inconstitutionnalité de celle-ci dès lors que la règle antérieure ou applicable est reprise ou prévue par un autre texte. En effet, l'indication erronée d'un texte dans le libellé du moyen peut être rectifiée par la Cour s'il résulte du contexte qu'il s'agit d'une erreur de plume manifeste.

Elle a noté que, le décret susvisé modifiait celui du 23 mai 1996 sur le vagabondage et la mendicité, alors que la loi applicable en l'espèce est le code de procédure pénale, spécialement en ses articles 27 et 28. Quant à l'article 7 susmentionné, la Cour constate qu'il est repris par l'article 67 de la loi organique sus-indiquée.

3. La procédure du contentieux d'attribution entre la Cour de Cassation et le Conseil d'État devant la cour constitutionnelle

Si dans les Pays de longue tradition de pratique judiciaire et de judiciarisation de la justice, les tribunaux de conflits d'attribution des compétences et de juridiction jouent leur rôle pour départager les organes judiciaires en conflit, cela fait encore défaut dans les Pays ayant une faible expérience en la matière.

La Constitution congolaise a bien trouvé la parade, en supposant que les litiges sur les matières administratives et les autres civiles ou pénales observées dans les juridictions d'instance inférieures peuvent, par différents modes d'appel, arriver à ces deux derniers ressorts pour y trouver solution. Et que si à ce haut niveau de la hiérarchie judiciaire le contentieux persiste, la procédure déclinatoire peut aider les deux à s'en remettre à la Cour Constitutionnelle.

Conclusion

C'est ainsi qu'aux termes de l'alinéa 4 de l'article 161 de la Constitution, il est reconnu à la Cour constitutionnelle la compétence de reconnaitre les recours contre les arrêts rendus par la Cour de cassation et le Conseil d'État, uniquement tant qu'ils se prononcent sur l'attribution du litige à l'une ou l'autre juridiction.

La Cour n'a jusqu'ici pas encore connu ce genre de recours et surtout que le Conseil d'État fonctionne en chambre en attendant sa mise en place complète.

Quelle est la procédure pour les contentieux électoraux devant la Cour Constitutionnelle ?

Chapitre 4
La procédure pour les contentieux électoraux devant la Cour constitutionnelle

Le processus électoral est celui par lequel les pouvoirs publics initient et assurent le bon déroulement processuel des élections pour garantir la représentation des circonscriptions électorales dans les Institutions à mandat électif au niveau de la présidence, du parlement, de l'exécutif des provinces, des assemblées provinciales, celui des entités municipales et locales. Il s'agit également de l'application procédurale du mode de scrutin déterminé selon la loi électorale. « Tout processus crédible est celui censé organiser le contentieux qui peut en découler, afin de trancher sur les prétentions des uns et des autres »[52].

Il est aussi signalé qu'en droit électoral congolais qu'« une élection perdrait toute son authenticité si sa régularité ne pouvait être contrôlée par le juge. À cette fin, les législations électorales prennent soin d'organiser le régime des recours juridictionnels tendant à l'annulation ou à la reformation des résultats électoraux. Cependant, le droit subjectif du contentieux électoral n'est pas exercé par les acteurs qui participent à une élection, à savoir, l'électeur, le candidat et l'autorité administrative, car, ils ne font que remplir, pour le compte de la collectivité, une fonction relevant de leur charge »[53].

La particularité du contentieux électoral est que « l'élection étant une opération dépourvue de toute authenticité, sa régularité ne pouvait être contestée devant le Juge. Aussi, le législateur a choisi d'organiser le régime de recours juridictionnel tendant à l'annulation ou à la reformation du résultat de l'élection »[54].

---

[52] Jean PierrreMAVUNGU MAVUNGU-DI-NGOMA, *La justice constitutionnelle en République Démocratique du Congo, Aperçu sur la compétence de la Cour constitutionnelle et la procédure devant cette haute Juridiction,* Éditions universitaires africaines, 2017, p.33.

[53] Jean louis ESAMBO KANAGSHE, *Le droit électoral congolais,* Academia-L'Harmatan, Louvain-la-Neuve, 2014, p. 22.

[54] Oumar GAYE, Le contentieux électoral devant les juridictions *suprêmes, les cahiers de l'Association ouest-africaine des hautes juridictions francophones,* Colloque International sur le contentieux électoral et l'État de droit, p 22.

De manière générale, la procédure du contentieux électoral devant la Cour constitutionnelle obéit aux principes généraux et règles dégagées dans l'ordre de droit ou de fait et présente les mêmes exigences de forme en points suivants : la qualité du requérant, la forme de la requête, le délai de saisine, le pouvoir inquisitoire d'instruction, les décisions et les voies de recours portant sur l'objet.

Les règles concernent d'abord la saisine exigeant que toute requête même fondée, soit recevable en rapport avec l'objet du recours, à l'observation d'un certain délai et à la qualité de requérant.

L'objet concerne le recours dirigé contre les opérations électorales et la proclamation de l'élu ou des élus notamment en rapport avec le déroulement du scrutin, le dépouillement, le recensement du suffrage en supposant que les arguments à l'appui du recours faisant état d'irrégularité seraient de nature à influencer le résultat de l'élection. La Cour constitutionnelle peut se prononcer sur une demande en annulation fondée sur le caractère frauduleux de l'établissement des listes électorales.

Les requêtes en contentieux électoral devant la Cour constitutionnelle concernent l'élection présidentielle, ainsi que les élections législatives et sénatoriales.

Ce chapitre s'articule autour des points. Les conditions de recevabilité, le pouvoir d'instruction sont traités au premier point.

1. Les conditions de recevabilité, le pouvoir d'instruction

Cette section traite de conditions de recevabilité de requêtes en contentieux électoral devant la Cour constitutionnelle et le pouvoir d'instruction de cette dernière pour établir cette recevabilité.

§. 1. Les conditions de recevabilité

Les conditions formelles de recevabilité sont fondées sur la qualité du requérant, son identité et le délai de saisine.

1. La qualité de requérant pour l'élection présidentielle et les élections législatives et sénatoriales revient au candidat ou le mandataire de la liste de candidats au scrutin. Cette qualité est personnelle et ne peut être exercée ni par les électeurs, ni par un parti politique. La Cour constitutionnelle ne peut pas non plus s'autosaisir et ne doit se tenir qu'à la requête. Elle se trouve dessaisie dès lors que le requérant se désiste.

2. Les conditions de forme s'appliquent à la requête initiale introductive d'instance comportant les noms, prénoms, adresses et sa signature ; les moyens d'annulation invoqués, un exposé des faits ; les pièces et documents justiridictions

Le délai de la saisine est celui durant lequel, la Cour constitutionnelle peut être saisie d'une requête en annulation est fixée par la loi électorale et dans le temps relativement bref, et varie selon qu'il s'agisse de l'élection présidentielle, celle des députés et des sénateurs.

Je parle du pouvoir d'instruction de la cour Constitutionnelle dans les pages qui suivent.

§2. Le pouvoir d'instruction de la Cour Constitutionnelle

L'instruction est menée pour la recevabilité ou l'irrecevabilité des requêtes sur base de tous les renseignements, des pièces, notamment des rapports et des procès-verbaux documents utiles mis à sa disposition pour apprécier la régularité et la sincérité du scrutin dans les bureaux de vote, où il y des contestations. La procédure devant la Cour constitutionnelle n'est pas contradictoire, mais elle est inquisitoire sous la conduite d'un rapporteur nommé parmi les membres de la Cour. Les mesures d'instruction ont principalement pour objet la détermination de la fiabilité de la preuve, la solution des questions préjudicielles aux enquêtes électorales.

La charge de la preuve incombe normalement aux réclamants, même si les candidats dont l'élection est contestée n'auraient produit aucun moyen de défense. L'enquête est dirigée par le rapporteur et elle est menée de manière contradictoire et peut être décidé d'office ou sur demande des parties. En rapport à la question préjudicielle portant sur la condamnation, nationalité, le domicile litigieux, le juge de l'élection doit surseoir à statuer et renvoyer les parties et à se pourvoir devant le juge judiciaire en leur accordant un délai.

La clôture de l'instruction est décidée lorsque la juridiction estime que son information est achevée. À l'issue de l'instruction, la juridiction entend le rapport du rapporteur dans un exposé comprenant les éléments de droit et de fait de chaque pièce, ainsi que le projet d'arrêt.

Il convient de traiter des décisions de la Cour Constitutionnelle et des voies de recours.

2. Les décisions de la Cour Constitutionnelles et les voies de recours

Cette deuxième section du contentieux électoral concerne la décision des résultats électoraux et les voies de recours qui s'y rapportent.

§1. Les décisions de la cour constitutionnelle

Pour l'élection présidentielle et les élections législatives, la décision de la Cour constitutionnelle arrête le résultat et emporte proclamation définitive de l'élu ou des élus, sans les rendre en séance publique.

Lorsque l'arrêt définitif est adopté, il est inscrit au rôle de l'audience sous la direction du Président qui procède à l'affichage dudit rôle, suivi de la tenue de l'audience

Le prononcé de la décision a lieu à l'issue d'une séance selon les règles du quorum pour siéger. Le Président a voix prépondérante en cas de partage et les décisions de la Cour interviennent dans un délai fixé par loi à compter de l'enregistrement de la requête en contestation et sont publiées au journal officiel.

La décision est immédiatement exécutoire, et en cas de rejet de la requête, elle couvre tous les vices dont l'élection est entachée. Elles ne laissent place normalement ni à leur reformation ni à leur annulation.

Nous avons tenu à soulever dans ce paragraphe l'épineux problème de la maîtrise du mode de scrutin en application par les juges. Car, une plus grande partie de requêtes en contentieux provient de l'erreur de calcul consécutif à la mauvaise application du mode de scrutin et dans une proportion moyenne causée par les erreurs matérielles de vote et par la fraude. C'est pourquoi, il est nécessaire d'insister sur la compréhension et la bonne application du mode de scrutin en vigueur.

Si « le mode de scrutin au plus fort reste offre un avantage pour un électorat à large spectre des partis politiques, le mode de scrutin proportionnel à la plus forte moyenne ouvre un grand avantage aux minorités de divers ordres reconnus par la loi ou la pratique sociale »[55].

Mais, dans des pays de récente expérience démocratique, dont les Partis politiques n'ont pas encore de vraies assises politiques à la base, la redistribution de sièges entre les grands et les petits partis politiques ne résoudra pas la grande équation de participation politique des minorités socio-ethniques ou socio-culturelles et religieuses.

Quelles sont les voies de recours du contentieux électoral devant la Cour Constitutionnelle ?

§2. Les voies de recours du contentieux électoral devant la Cour Constitutionnelle

On distingue le recours en rectification d'erreur matérielle présentée sous condition de délai fixé par la loi à compter de la notification de la décision attaquée de celui présenté sur les conditions de forme requises pour l'introduction de la requête initiale.

Pour que le premier cas de recours puisse être recevable, il faut que l'erreur commise soit matérielle et non pas juridique et qu'elle porte sur les éléments

[55]BANYAKU LUAPE EPOTU, *Prospectus électoral, Estimations démographiques et Enjeux électoraux Tome I*, Ed. CIEDOS, Kinshasa, 2004, pp.2 7-31

soumis à la juridiction, en étant susceptible d'avoir exercé une influence sur le sens de la décision contestée.

L'objet du contentieux électoral dans un procès de recours porte sur « l'avantage auquel prétend une partie et que conteste l'autre. Ce qu'une partie demande et que conteste l'adversaire (res contestata, res litigiosa), détermine le litige sur les prétentions respectives des partie »[56].

Si la primauté du droit subjectif joue seulement sur la qualité à agir pour contestation devant les juridictions, au moins l'objet substantiel donne toute la validité du procès, en ce qu'après notification aux parties, le juge peut statuer sur base de preuves fournies par les parties en cause, et sans exigence de leur présence en audience.

C'est une manière très judiciaire pour résoudre le contentieux devant les juridictions et c'est cette considération qui devrait accorder toute l'importance au droit substantiel dans la résolution de tous les contentieux devant les juridictions.

Que dire du contentieux électoral devant la Cour Constitutionnelle congolaise ?

3. Le contentieux électoral devant la Cour Constitutionnelle congolaise

En République Démocratique du Congo, l'alinéa 2 de l'article 161 de la Constitution reconnaît à la Cour constitutionnelle la compétence de juge électoral pour les élections présidentielles et législatives, ainsi que du referendum. Si on n'examine pas la nature des problèmes concrets auxquels la Cour a fait face pendant les deux dernières échéances électorales des années 2006 et 2011.

On peut cependant relever de manière générale quelles sont les exigences de la procédure à laquelle est soumis le contentieux électoral, selon les textes légaux devant les instances et les juridictions compétentes.

Les élections en République Démocratique du Congo sont organisées par les textes légaux suivants : la loi n° 11/002 du 20 janvier 2011 portant révision de certains articles de la Constitution du 18 février 2006 et spécialement en son article 71 organisant l'élection du Président de la République à la majorité simple des suffrages exprimés ; la loi n°06/006 du 9 mars 2006 portant organisation des élections présidentielle, législatives, provinciales, urbaines, municipales et locales ; la loi n°11/003 du 25 juin 2011 portant modification de la loi précédente ; la Loi organique n 10/013 du 18 juillet 2010, portant organisation et fonctionnement de la Commission Electorale Nationale Indépendante ; la loi n°10/014 du 17 août 2011, portant répartition des sièges par circonscription électorale pour les élections législatives et provinciales et la loi organique n°13/012 du 19 avril 2013 modifiant et complétant la loi

[56]Gérard CORNU, *Vocabulaire juridique,* 2eme Édition, janvier 2001, p. 586

organique n° 10/13 du 28 juillet 2010 portant organisation et fonctionnement de la Commission Electorale Indépendante, ainsi que la loi n°15/001 du 15 février 2015.

Le contentieux électoral congolais porte, notamment, sur la contestation de la validité d'une candidature et de la régularité d'une liste des candidatures en vertu de nouveaux articles 25 et 27 et d'ancien article 26 de la loi électorale, ainsi que sur la contestation de la régularité des résultats du scrutin aux termes des articles 72 à 76 bis a 74 quinquets nouveaux et sur la demande d'annulation partielle ou totale d'un scrutin du vote selon les mêmes articles immédiatement précédents.

Je distingue les types de contentieux, dont la CENI dispose de l'expertise et ceux dont les juridictions ont de la compétence attributive pour examiner les recours par une instruction sur le contentieux et par annulation du résultat de vote pour irrégularité.

D'un côté, il y a « le contentieux relatif à la validité d'une candidature et à la régularité d'une liste des candidatures et de l'autre côté le contentieux relatif à la régularité des résultats portant, notamment, sur les erreurs matérielles, dont les effets rendent erronés les résultats proclamés selon le nouvel article 75 alinéa 1 »[57].

Le contentieux relatif à la validité d'une candidature et à la régularité d'une liste des candidatures née après la publication par la CENI de la liste provisoire des candidats portent sur les violations supposées de la législation électorale relative aux conditions d'éligibilité et de régularité d'une liste de candidats.

Le contentieux relatif aux irrégularités des résultats du vote tirées de la jurisprudence portent sur les erreurs matérielles, dont les effets rendent erronés les résultats proclamés en vertu du nouvel article 75 alinéa 1er.

On trouve également « le contentieux sur la mauvaise interprétation ou application des dispositions légales, le changement de référence de candidats, ainsi qu'au contentieux relatif à la demande d'annulation d'un scrutin après la publication des résultats provisoires par la CENI et à la demande d'annulation, en tout ou en partie, d'un scrutin électoral, en cas d'irrégularités, dont les effets ont une influence déterminante sur les résultats du scrutin en vertu du nouvel article 75, alinéa 2 »[58].

Il s'agit « de la mauvaise interprétation ou application des dispositions légales, à l'affichage des résultats erronés, de la discordance entre les résultats des bureaux de vote et de dépouillement avec ceux publiés par le Bureau de la

---

[57] Institut des droits de l'homme avec l'appui de Open Society Initiative for Southern Africa, *Guide pratique du contentieux électoral en République Démocratique du Congo,* CEDI, Kinshasa, 2011, pp. 14-15.
[58] *Idem*

CENI, du mauvais remplissage des documents électoraux, le refus des membres de bureaux de remettre aux témoins du requérant les copies de PV de dépouillement, la mauvaise application de la règle du plus fort reste, le changement des règles de notification des procédures, le recours abusif à la tierce opposition. Mais, sont concernés aussi les actes d'obstruction faits aux témoins accrédités par la CENI, la contestation liée aux erreurs de comptage des bulletins de vote et à la régularité et la non-régularité des bulletins de vote »[59].

Et, certains autres cas tirés aussi de la jurisprudence se sont ajoutés pour demande d'annulation, notamment, « les actes de violence, de sabotage, de fraude ; les actes d'irrégularité commis dans les bureaux de vote, tels que les obstructions faites aux témoins des candidats indépendants ou des partis politiques accrédités par la CENI, l'intolérance dans les campagnes électorales au jour du scrutin, le recrutement dans les bureaux de vote des agents électoraux proches de certains candidats, l'installation des bureaux de vote dans les immeubles appartenant aux candidats »[60].

En ce qui concerne la qualité pour introduire une action en contestation électorale devant une juridiction, à peine d'irrecevabilité du demandeur ou de défendeur, est reconnue au candidat indépendant, dont l'éligibilité est contestée ou son mandataire ayant pouvoir et mission d'agir en son nom sur procuration du mandant, selon nouvel article 25 alinéa 2 point1 ; le candidat indépendant ou son mandataire ayant participé aux élections, selon le nouvel article 25 alinéa 2 point 3 ; le parti politique ou le regroupement politique ayant présenté un candidat ou une liste dans une circonscription électorale aux termes de nouveaux articles 25 alinéa 2 point 2 et 73 de la loi électorale.

Le délai de l'examen du recours et du prononcé, ainsi que les effets sont fixés par la loi aussi bien pour la prématurité de l'action que pour la forclusion du délai ou la tardiveté, conformément aux articles 25 alinéa 2 et 107 de la loi électorale. « Toutefois, certains arrêts de la Cour Suprême de justice faisant office de la Cour constitutionnelle ont relevé un candidat de la déchéance de délai en cas de force majeure »[61].

Conclusion

Les effets de décisions du juge constitutionnel dans le cadre du contentieux des résultats de l'élection sont l'annulation de cette élection en tout ou en partie, lorsque les irrégularités retenues ont pu avoir une influence déterminante sur les

[59] *Ibidem, p.16.*
[60] *Idem., pp.19-20.*
[61] Cour Suprême de Justice, 04/09/2006, RCE.007, aff. Ruberwa, nB. A. n° spécial, *Contentieux électoraux 2006-2007,* p. 42.

résultats du scrutin selon les articles 75 alinéa 2 et 74 alinéa 1 de la loi électorale, suivie de la notification à la CENI et aux parties où il n'y est prévu aucun appel conformément au nouvel article ou la rectification du résultat erroné en vertu du nouvel article 75 alinéas 1er et 2 de la loi électorale.

La procédure du contentieux électoral devant la Cour constitutionnelle est l'une des plus délicates à cause des enjeux politiques impliqués et de certaines défaillances récurrentes aussi bien des administrations chargées de l'organisation et de la sécurisation des élections que de juridictions compétentes.

Quelle est la procédure de l'intervention volontaire, de la tierce opposition et de désistement devant la Cour Constitutionnelle ?

Chapitre 5
La procédure de l'intervention volontaire, de la tierce opposition et de désistement devant la Cour Constitutionnelle

Ce chapitre traite de trois cas d'intervention à un procès ou du retrait d'un procès en cours devant la Cour Constitutionnelle suivant trois modes différents pour chacun de cas. Il s'agit de l'intervention volontaire et de la tierce personne respectivement prévues par les articles 83 et 84 de l'Ordonnance-loi n°82-017 du 31 mars 1982 relative à la procédure devant la Cour Suprême de Justice et de la procédure du désistement.

1. L'intervention volontaire devant la cour constitutionnelle

A l'introduction d'instance d'une requête ou au cours du procès devant une juridiction entre une partie demanderesse et une partie défenderesse, il peut être adjoint une intervention volontaire à titre principal en émettant une prétention propre à l'objet en cause ou à titre accessoire en appui ou en opposition à la demande.

Il est donc supposé que l'intervenant volontaire n'était pas jusque-là partie au procès et entre dans la procédure. Nous avons bien voulu privilégier l'intervention volontaire par rapport à l'intervention forcée, parce que pour ce dernier cas, l'intervenant entre en procès non par sa propre volonté, mais à la suite d'une assignation pour comparution par l'une des parties au procès.

« L'une d'entre elles exige un appel en garantie de témoignage ou un appel d'un tiers au procès par le juge, lors de l'évolution du litige, qui constate la mise en cause du tiers en raison de la révélation d'une circonstance de fait ou de droit »[62].

Ainsi, « la survenance et la recevabilité de l'intervention forcée dépendent de la mise en évidence du nouvel élément et que celui-ci doit être lié directement à l'instance initiale et susceptible d'éclairer d'un jour nouveau et inattendu le litige en donnant de celui-ci une vision différente de celle offerte devant les

---

[62] Eva FIHER, *La notion d'évolution du litige et la politique de la cour de cassation quant au double degré de juridiction,* Dalloz, Paris, D 2005-2368.

premiers juges jusqu'ici ou au cours de l'évolution du litige. Et, lorsqu'elle agit, en cours d'un procès en appel, elle doit avoir lieu après la clôture des débats en première instance »[63]

En droit comparé, nous avons voulu prendre à ce sujet le Code français de procédure civile au chapitre 1er du Titre IX sur l'intervention. Selon l'article 328 du code français de la procédure civile, l'intervention volontaire peut être principale ou accessoire. L'article 329 dispose qu'elle est principale, lorsqu'elle élève une prétention au profit de celui qui la forme et elle n'est recevable que si son auteur a le droit d'agir relativement à cette prétention.

L'article 330 dudit Code qualifie d'accessoire, lorsque l'intervention appuie les prétentions d'une partie et elle est recevable si son auteur a intérêt, pour la conservation de ses droits, à soutenir cette partie. L'intervenant, à titre accessoire, peut se désister unilatéralement de son intervention.

L'intervention volontaire s'entend comme celle du tiers, dont les droits risquent d'être mis à mal et qui se trouve en droit d'intervenir dans le procès à l'effet de les sauvegarder. L'intervenant volontaire a donc un intérêt propre à faire valoir, visant à protéger ses droits ou ses intérêts, auxquels les parties du litige pourraient porter atteinte ou ombrage. Après l'admission de l'intervention volontaire au procès, le tiers intervenant devient partie au litige et l'autorité de la chose jugée qui s'impose aux parties s'étendra également à lui.

Ce qui est intéressant dans cette partie de la procédure de saisine devant la Cour constitutionnelle est surtout la différence faite au cours du procès entre les parties et le tiers intervenant, aussi bien pour la force de la chose jugée que pour les voies de recours autorisées aux unes et aux autres.

Les parties sont des personnes présentes ou représentées au procès et dont le jugement lie chacune d'elles, en la qualité en laquelle elle est présente au procès. L'autorité de la chose jugée de la décision ne tient qu'à ce qui a été tranchée par le juge et en lien d'instance avec le droit d'origine légale créée par la demande en justice, lequel naît de l'introduction de la demande.

La qualité de tiers intervenant est reconnue à la suite d'une demande principale introduite par requête unilatérale, à laquelle une tierce personne intervient volontairement pour défendre ses droits devant la juridiction ou pour appuyer une des parties, dont les prétentions rencontrent les siennes.

J'ai relevé, à titre d'illustration, deux arrêts de la Cour constitutionnelle sur l'intervention volontaire.

---

[63] 2ème civ., 16 juin1993, Bull, 212, com, 5 mars 1996, GP 1996 - 2 PAN- 264. « L'intervention forcée fait donc partie d'une procédure un peu différente de l'intervention volontaire » ; Gerard LEGIER, *l'intervention forcée en appel et l'évolution du litige 9article 555 du nouveau code de procédure civile, DS 1978, Chapitre XXXI.*

Un premier arrêt sous R.Const.0017/0051/0052/0053 répondait à la requête en inconstitutionnalité introduite par un candidat malheureux, aux élections de Membres du Bureau Définitif et en contrôle de conformité à la Constitution du Règlement intérieur de la Commission Nationale des Droits de l'Homme, CNDHH en sigle. En appui à cette requête, trois autres requêtes furent introduites par des intervenants volontaires en inconstitutionnalité de mêmes élections du Bureau Définitif du CNDH.

La Cour a considéré que l'intervention volontaire est une action par laquelle un tiers décide librement et spontanément d'intervenir dans une instance judiciaire en cour, à laquelle il n'a pas été appelé, pour assurer la défense des intérêts susceptibles d'être menacés par la décision à intervenir. Prise comme telle, l'intervention volontaire n'est concevable qu'en matière de droit privé à l'exception des matières relevant du droit public.

Surabondamment, les articles 47, 48 et 49 de la Loi organique n°13/026 du 15 octobre 2013 portant Organisation et Fonctionnement de la Cour constitutionnelle, relatifs à sa saisine ne prévoient pas la possibilité d'une intervention volontaire dans un recours en inconstitutionnalité. N'étant donc prévues ni par la Loi organique précitée, encore moins par son Règlement intérieur, les interventions volontaires introduites seront déclarées irrecevables.

Un deuxième arrêt sous R.Const.114/115/272/TSR rendu en réponse à la requête d'un Cadre-dirigeant d'une entreprise publique en intervention volontaire dans la cause enrôlée sous R.const.11/272/TSR initiée par une personne ayant bénéficié du titre de propriété libellée en contrat de concession perpétuelle d'un immeuble attribué depuis le 3 décembre 1941 à l'entreprise publique concernée et inscrit dans le plan cadastre de la commune de la Gombe à la parcelle n° 595.

Selon les faits, l'attribution de cet immeuble était intervenue après que le Ministre des Affaires foncières l'ait, par une lettre officielle datant du 29 juillet 1995, déclaré " bien sans maître ", Mais, nonobstant l'arrêté ministériel du 15 octobre 1996 du même ministère portant reprise de l'immeuble dans le domaine privé de l'État, la nouvelle acquéreuse s'est fait confectionner un nouvel arrêté en 2003 abrogeant celui du 15 octobre 1996. Mais, par la suite, le même ministère a abrogé à son tour celui de 2003 par un nouvel arrêté en 2004.

Pour conforter les droits de l'entreprise publique sur fonds en dispute, l'intervenant volontaire appuyé par le conservateur des titres immobiliers saisit le tribunal de grande instance de Kinshasa/Gombe qui rendit un jugement déclarant irréguliers les titres de l'acquéreuse. Mais, par un nouveau jugement rendu par défaut à la requête de la République, le même tribunal remit en cause son précédent jugement et se prononça en faveur de la même acquéreuse.

L'intervenante volontaire attaqua ce jugement devant la cour d'appel de Kinshasa/Gombe, tandis qu'un appel incident fut aussi interjeté au nom de la

République à la même instance. Avec la jonction de deux causes pour connexité, la cour d'appel conforta dans son jugement du 11 novembre 2008 l'acquéreuse dans sa prétention, ouvrant la voie à la vente publique du fonds en dispute.

A l'action d'une prise à partie introduite par l'entreprise publique concernée à la Cour Suprême de Justice, celle-ci annula cet arrêt pour dol dans le chef des magistrats qui l'avaient rendu. Nonobstant cette décision de la Cour Suprêmes de Justice, l'acquéreuse assigna pour déguerpissement l'entreprise et son occupant devant le tribunal de grande instance de Kinshasa/Gombe et ce dernier, par un nouveau jugement, condamna par défaut les deux intimés au déguerpissement. Sur opposition à cette décision devant la même instance.

Alors que l'affaire était pendante devant cette juridiction, l'acquéreuse saisit la Cour Suprême de Justice faisant office de la Cour constitutionnelle par une requête sous R.Const.114/271/ TSR en inconstitutionnalité de son arrêt rendu, au motif qu'aux termes de l'alinéa 4 de l'article 153, il est interdit aux juges d'appliquer les actes règlementaires qui ne sont pas conformes aux lois et spécialement en son l'alinéa 3 de l'article 151 de la Constitution qui dispose que « toute loi dont l'objectif est manifestement de fournir une solution à un procès en cours est de nul et de nul effet ».

C'est à la suite de cette nouvelle demande à la Cour Suprême de Justice que fut initiée une requête en intervention volontaire de la part de l'entreprise publique sur fonds querellé avec l'acquéreuse et enrôlée sous R.Const.115/272/TSR pour protéger ses intérêts. Et, les deux dossiers en cause furent transmis, en l'état, à la Cour constitutionnelle, qui en a décidé la jonction.

L'arrêt R.Const.115/114/272/TSR de la Cour constitutionnelle répondit aux deux requêtes en commençant par la première pour terminer par la seconde. A la première requête, la Cour fit remarquer à la requérante qu'une décision de justice n'est ni un acte législatif ni acte réglementaire visés aux articles 162, alinéa 2 de la Constitution et 43 de la Loi organique n° 13/026 du 15 octobre 2013 portant organisation et fonctionnement de la Cour constitutionnelle.

Ensuite, sa requête tend à soumettre à nouveau l'examen de la chose jugée à la Cour Suprême de Justice, alors que suivant l'article 29 de la Loi organique n°13/010 du 19 février 2013 relative à la procédure devant la Cour de cassation, ses arrêts ne sont susceptibles d'aucun recours, sauf rectification par la Cour elle-même des erreurs matérielles et interprétation de ses arrêts, les parties entendues. Elle se déclara incompétente, en ce qu'à la deuxième requête en intervention, la Cour s'y est déclarée incompétente, eu égard à sa connexité avec la première, à laquelle elle tend, à bon droit, à faire échec.

Que dire sur la tierce opposition devant la cour constitutionnelle ?

2. La tierce opposition devant la cour constitutionnelle

Contrairement à l'intervention volontaire, où le tiers est censé avoir participé au premier ou au second degré du procès, la tierce opposition est une voie de recours extraordinaire d'un tiers, lorsque ses intérêts ont été lésés dans un procès. L'objectif de la tierce opposition vise la rétractation si le second jugement émanant du même tribunal est celui attaqué au cours du procès ou la reformation si le second jugement émane d'un autre tribunal de degré égal ou supérieur.

Dans la pratique judiciaire courante, la tierce opposition évoque un jugement rendu à l'insu d'un tiers pourtant concerné par l'objet en cause de fait ou de droit dans une juridiction et dont l'une ou les parties recherchaient un jugement en l'absence du tiers aussi intéressé et justifiant même de la qualité ou de l'intérêt à agir sur l'affaire en cause.

Ma préoccupation sur la tierce opposition comme voie de recours extraordinaire tient à « la difficulté laissée aux tiers d'attaquer une décision de justice, tant sur le plan de l'acte d'authenticité constituant le jugement rendu et sur base des preuves laborieusement vérifiées par le juge (son instrumentum) que sur le plan de son opposabilité à la décision rendue et ayant tranché déjà l'affaire en cause (son negocium) »[64].

La seconde difficulté se présente pour exercer une tierce opposition en se référant, par exemple, au code judiciaire belge, dans l'arrêt attaqué en inconstitutionnalité est un acte juridictionnel qui n'est repris dans les dispositions légales susmentionnées la concernant. Dans ses articles 1122 à 1133, il est stipulé que la voie de rétraction soumise à la juridiction qui a rendu une décision par défaut, l'appel pour annulation ou de reformation portée devant une juridiction supérieure, le pourvoi en cassation comme voie de recours extraordinaire ouverte contre les décisions rendues en dernier ressort et la requête civile en rétraction d'une décision passée en force de la chose jugée ne peuvent être formées que par une personne qui a été partie à la cause.

En se reportant à l'exercice de la tierce opposition devant la Cour constitutionnelle, on peut déjà imaginer qu'au double titre de sa compétence couvrant essentiellement les matières constitutionnelles, particulièrement déterminées par les dispositions constitutionnelles et de son statut de haute juridiction de dernier ressort rendant des décisions obligatoires, exécutoires et sans aucun recours, il serait de faible probabilité qu'une tierce opposition aboutisse.

---

[64] Jean François VANDROOGHENBROOEK, *Manuel de procédure civile,* Larcier, Bruxelles, 2015, p.1037 et suite.

J'ai retenu, à titre exemplatif, trois arrêts de la Cour constitutionnelle exposant cette difficulté des requêtes introduites en tierce opposition.

Un premier arrêt indicatif se rapporte à la décision de la Cour prise le 11 mars 2016 et répondant à une requête introduite en tierce opposition par la Banque centrale du Congo contre l'arrêt R.Const.113/TSR du 26 mars 2010 de la Cour Suprême de Justice, aux termes duquel cette dernière a reçu une requête en inconstitutionnalité d'un opérateur économique ayant obtenu de la Cour Suprême de Justice que la lettre n° Gouv/001290 du 31 décembre 2009 du Gouverneur de la Banque Centrale du Congo était non conforme à la Constitution et partant nulle. Ce qui, à l'insu de la Banque Centrale et contre son gré fit bénéficier à l'opérateur économique concerné d'une majorité d'actions dans une des plus grandes banques commerciales du Pays, là où l'État avait une position confortable.

Les trois requérants de la Banque Centrale Congolaise se sont posés en tierce opposition pour demander la suspension dudit arrêt à la fois pour ne pas avoir été invités personnellement à l'instance sous R.Const.113/TSR du 26 mars 2010 en tant qu'autorité régulatrice du secteur bancaire et d'actionnaire de la Banque concernée et pour ne pas y avoir été représentés.

Les deux requêtes ont été transférées en l'état à la Cour constitutionnelle, où elles ont été reçues et enrôlées au greffe sous R.Const.0073/120/TSR, toujours en tierce opposition contre l'arrêt R.Const.113/TSR du 26 mars 2010 de la Cour Suprême de Justice.

Sur les faits et rétroactes évoqués, il s'agit de deux requêtes en inconstitutionnalité de l'opérateur économique précité introduites le 22 février 2010 et le 11 mars 2010 à la Cour Suprême de Justice faisant fonction de la Cour constitutionnelle.

La requête attaque la décision du Gouverneur n° Gouv/001290 du 31 décembre 2009 pour avoir refusé d'accorder l'autorisation de la Banque Centrale du Congo au rachat par sa famille du dit opérateur économique des actions détenues par une Banque belge dans une des Banques commerciales du Pays.

Ce rachat aurait permis à la famille de l'opérateur économique de détenir la majorité absolue d'actions et par voie de conséquence d'élargir son pouvoir de contrôle dans cette Banque commerciale du Pays au détriment de la République Démocratique du Congo qui deviendrait du coup actionnaire minoritaire dans ladite Banque.

D'où, le refus de l'autorisation formulé par la Banque Centrale du Congo pour motif d'irrégularité de l'opération de rachat en deux points.

Premièrement, puisqu'elle s'est faite à l'extérieur du Pays, alors que l'opérateur résidant dans une ville du Pays était tenu de se conformer aux lois et règlements de la République, comme le prévoit l'alinéa 2 de l'article 32 de la Constitution en rapport avec le statut des étrangers sur le territoire congolais.

Deuxièmement, puisque ce rachat aurait dû se faire après l'autorisation préalable de la Banque Centrale du Congo aux termes de l'article 10 de l'instruction n° 18 du 4 décembre 2007 destinée aux Banques congolaises, ce qui ne fut pas le cas.

En plus, la lettre n° Gouv/001290 du 31 décembre 2009 a effectivement obligé ladite banque commerciale à n'admettre comme repreneur d'actions de la Banque belge qu'une banque de renommée internationale et dotée de moyens financiers, techniques, humains et matériels suffisants capables d'aider à la transformation rapide de l'environnement financier.

Les moyens de défense pour cette tierce opposition se fondent sur l'irrecevabilité de la requête de l'opérateur économique introduite à la Cour Suprême de Justice pour inconstitutionnalité de la lettre n° Gouv/001290 du 31 décembre 2009. Et pourtant celle-ci n'est ni un acte législatif ni un acte règlementaire comme prévu par l'alinéa 2 de l'article 162, mais une décision individuelle d'une autorité centrale qu'est effectivement le Gouverneur de la Banque Centrale du Congo.

Par contre, la défense évoque l'argument, selon lequel l'instruction aux Banques n° 18 du 4 décembre 2007 est un acte réglementaire pris par la Banque Centrale du Congo conformément à l'article 6 de la loi n°005/2202 du 7 mai 2002 relative à la constitution, à l'organisation et au fonctionnement de la Banque Centrale du Congo. Celle-ci autorise cette dernière à élaborer la règlementation et à contrôler les établissements de crédit. Il en est de même de l'article 36 de la loi n°003/2002 du 2 février 2002, qui charge la Banque Centrale du Congo d'édicter la réglementation applicable aux Établissements.

À ce sujet, les requérants en tierce opposition retiennent, selon la doctrine et la jurisprudence, la définition de « l'acte réglementaire comme celui administratif unilatéral contenant des règles générales et impersonnelles destinées à régir la conduite des sujets de droit ou à organiser un service public. Il s'adresse à des personnes indéterminées. Il ne s'agit pas d'une action individualisée qui consiste à statuer ponctuellement et donc il y a absence d'individualisation de ses destinataires »[65]

Ensuite, leur deuxième moyen de défense fait recours, pour justifier ce refus de rachat, au point 4 de l'article 176 de la Constitution, lequel confie à la Banque Centrale du Congo la mission de contrôle de l'activité bancaire, dont notamment l'autorisation préalable des opérations de prise, d'extension ou de

---

[65] Charles DEBBASH et Frédéric COLIN, *Droit Administratif, 8eme* édition, Economia, Paris, 2007, pp.405-406 ; Felix VUNDUAWE TE PEMAKO, *Traité de droit administratif,* Larcier, Bruxelles, 2007, p.309.

cession de participation dans une banque. Ce qui n'a pas été le cas, même s'il est abusivement fait usage de l'article 29 de la loi bancaire qui ne subordonne pas l'autorisation préalable au respect de certaines conditions suspensives, dont le défaut de réalisation, lequel justifierait la nullité de transaction.

Il en est de même de l'exploitation du même article 29 de la loi bancaire qui énonce que l'autorisation est accordée dans les 90 jours de la date mentionnée sur l'avis de la réception délivré par la Banque Centrale du Congo. Ainsi, selon l'argument de l'opérateur économique, l'absence de décision à l'expiration de ce délai vaudra une autorisation d'office. Même mieux, l'opérateur économique concerné se donne une dérogation au régime d'autorisation préalable, au motif qu'il détient au moins 20 % du capital de ladite Banque d'autant plus que, selon lui, la transaction s'est opérée en dehors du territoire national entre personnes relevant d'un droit étranger.

Il a été démontré que l'autorisation préalable de la Banque Centrale du Congo pour toutes les opérations transactionnelles en rapport avec le changement de la situation statutaire d'actionnaires dans les Banques et Établissements de crédit reste obligatoire.

Enfin, leur troisième moyen de défense se rapporte à l'application, tout à fait régulière de l'instruction n° 18 aux banques du 4 décembre 2007, puisqu'ayant été exécutée comme un acte réglementaire conformément à la loi bancaire n° 003/2002 du 2 février 2002 et n'a violé aucunement l'alinéa 2 de l'article 34 de la Constitution, lequel stipule que l'État garantit le droit à la propriété individuelle ou collective acquis conformément à la loi ou à la coutume et mieux encore l'alinéa 3 de l'article 37 qui garantit la liberté d'association.

En conclusion pour cette requête d'annulation introduite à la Cour constitutionnelle sous R.Const.0073/120TSR, la tierce opposition s'est trouvée en position de faire prévaloir la nature administrative de l'acte attaqué par l'opérateur économique en procès et repris par l'arrêt de la Cour Suprême de Justice dans son arrêt 113/TSR du 26 mars 2010.

La Cour constitutionnelle a déclaré la première requête irrecevable pour défaut de qualité dans le chef de deux avocats signataires, au motif que pour qu'ils soient habilités à saisir la Cour pour le compte de leurs clients respectifs, ils doivent au préalable, justifier de leurs qualités à agir aux noms de ces derniers, en vertu de l'alinéa 2 de l'article 88 de la loi organique n° 13/026 du 15 octobre 2013 et de l'alinéa 3 de l'article 27 du Règlement intérieur de la Cour constitutionnelle.

La deuxième requête a été déclarée également irrecevable parce qu'elle vise la reformation de l'arrêt R.Const.113/TSR du 26 mars 2010 pris par la Cour Suprême de Justice siégeant comme Cour constitutionnelle en vertu de l'article 168 de la Constitution.

En effet, selon cet article, les arrêts de la Cour constitutionnelle ne sont susceptibles d'aucun recours et sont immédiatement exécutoires. Ils sont obligatoires et s'imposent aux pouvoirs publics, à toutes les autorités administratives et juridictionnelles, civiles et militaires ainsi qu'aux particuliers.

Ces dispositions constitutionnelles se retrouvent également dans l'alinéa 3 de l'article 93 de la Loi organique 13/026 du 15 octobre 2013 portant organisation et fonctionnement de la Cour constitutionnelle et celui-ci est libellé comme suit : les arrêts de la Cour constitutionnelle ne sont susceptibles d'aucun recours.

Et, puisque les deux requêtes en tierce opposition sont déclarées irrecevables, la Cour constitutionnelle a donc décidé que l'examen du fond desdites requêtes devient superfétatoire.

A la lecture de cet arrêt et l'argumentaire juridique repris dans la présente étude, le Professeur constitutionnaliste Jacques Ndjoli, ayant assidûment suivi la rédaction de cet ouvrage, a voulu soulever deux observations pertinentes sur cette décision de la Cour Suprême de Justice. Il a tenu ainsi à apporter sa contribution scientifique dans cet ouvrage.

Le Professeur Ndjoli fait remarquer qu' : « aucun opérateur économique étranger ne pouvait pas gagner une telle mise financière face à la Banque Centrale du Congo, surtout que la loi bancaire et les autres instructions aux banques sus-évoquées ne pouvaient lui laisser logiquement réussir une pareille transaction au seul profit de sa famille et au détriment de l'État. Ensuite, il a expliqué que la Cour Suprême de Justice faisant fonction de Cour constitutionnelle ne pouvait en aucun cas se donner compétence sur une matière administrative, qui était très loin à confondre avec un acte législatif ou un acte réglementaire »[66].

Un deuxième arrêt servant d'exemple est celui sous R.Const.0056 rendu en réponse à une requête en inconstitutionnalité sous RC 111.660 pendante devant le tribunal de grande instance de Kinshasa/Gombe introduite par la partie demanderesse contre une assignation en tierce opposition sous RC 110.660 du même tribunal.

La requête attaquait la partie défenderesse, au motif qu'elle s'était servie des actes de succession sans qualité de liquidatrice de ces successions, desquels actes elle avait obtenu le jugement sous RPNC 32.573 rendu par le tribunal sus-indiqué le 8 janvier 2015 l'investissant des titres des parcelles querellées au préjudice de la partie défenderesse en la cause.

---

[66] Jacques Ndjoli, Professeur de droit constitutionnel à l'Université de Kinshasa et actuellement expert-consultant pour la réforme constitutionnelle au Mali.

La partie défenderesse s'est inscrite en tierce opposition parce qu'elle n'a pas pris part au procès ayant donné cours au jugement RPCN 32.573, fort duquel la demanderesse a obtenu du Conservateur des Titres immobiliers le certifiât d'enregistrement daté du 23 mars 2015 pour la parcelle querellée du plan cadastral de la commune de la Gombe et a gagné une procédure de mutation en cours pour une autre parcelle querellée du Plan cadastral de la commune de Ngaliema.

Mais, à la suite du constat par le tribunal qu'il a été induit en erreur par la demanderesse et de la démarche du curateur aux successions pour l'annulation de tous les actes de succession délivrés à la demanderesse, le tribunal de grande instance de Kinshasa/Gombe, sur assignation en tierce opposition de la partie défenderesse, s'est rétracté dudit jugement dans toutes ses dispositions.

C'est sur base de cette rétraction que la demanderesse a initié devant la Cour constitutionnelle une requête en inconstitutionnalité de l'action mue sous RC 11.660 devant le tribunal de grande instance de Kinshasa/Gombe à la date du 8 juin 2015 et a été signifiée aux défendeurs à la même date.

La requérante expose trois moyens majeurs en appui à sa cause axés sur trois violations de la Constitution.

D'abord, sur la violation de l'article 56 de la Constitution dans l'action mue sous RC 110.660, en qu'elle favorise une infraction de pillage puni par la loi.

Ensuite, sur la violation de l'article 52 de la Constitution, parce que l'assignation en tierce opposition sous RC 110.660, non seulement, remet en cause la chose jugée et opposable à tous, mais tend à perturber la paix et la sécurité internationale du fait des défendeurs. Enfin sur la violation des articles 9 et 19 de la Constitution, en alléguant les parcelles querellées et les défendeurs veulent se substituer à l'État pour lui en empêcher la jouissance.

L'arrêt sous 0056 de la Cour constitutionnelle répondit expressément à la demanderesse pour lui signifier que sa requête sollicitait le contrôle de constitutionnalité par voie d'action de la procédure judiciaire sous RC 110/660 du tribunal de grande instance de Kinshasa/Gombe, ce qui ne relevait pas de sa compétence.

Un troisième arrêt indicatif sous R.Const.0065/2015 répondait à une requête en inconstitutionnalité de la procédure en tierce opposition pendante sous RC 109.457 au tribunal de grande instance de Kinshasa/Gombe.

Les faits en cause portent sur le conflit foncier entre la partie demanderesse et la partie défenderesse sur un terrain de 2h à 84 ares 10 centiares entre la rivière Makelele et le fleuve Congo situé au quartier Basoko dans la Commune de Ngaliema. La demanderesse a acquis ledit fonds et les droits coutumiers y afférents du Chef coutumier du lieu en date du 7 juillet 1999 et d'un avis favorable du ministre de l'urbanisme et habitat daté du 6 octobre 2011.

La défenderesse a allégué qu'elle est concessionnaire du même fonds en vertu du contrat d'emphytéose d'une validité de 25 ans établi le 5 avril 2002 provenant d'un contrat antérieur établi le 27 octobre 1994.

Estimant que la défenderesse troublait la jouissance de ses droits, elle déposa la plainte contre la demanderesse le 24 mars 2013 au Parquet général près la cour d'appel de Kinshasa/Gombe. Mais, malheureusement, il lui fut proposé le classement sans suite par l'Inspecteur judiciaire instructeur du dossier. Raison pour laquelle la demanderesse assigna sous RC 108.767 le vendeur du terrain devant le tribunal de grande instance de Kinshasa/Gombe pour qu'il lui soit confirmé comme le seul propriétaire du terrain litigieux et qu'il soit ordonné au Conservateur des Titres immobiliers de la circonscription foncière de la Lukunga d'établir un certificat d'enregistrement en sa faveur. Celui-ci lui accorda le bénéfice intégral de l'exploit introductif d'instance.

C'est en rapport avec cette dernière décision que l'autre partie du terrain querellé, n'ayant pas été invité lors du dernier procès au tribunal de la grande instance de Kinshasa/Gombe, assigna en tierce opposition sous RC 109.457 à cette même instance la partie demanderesse et son vendeur pour recouvrer ses droits.

L'affaire étant devenue pendante devant le tribunal de grande instance de Kinshasa/Gombe, la partie demanderesse ayant bénéficié de la dernière décision de cette instance introduisit le 17 février 2014 à la Cour Suprême de Justice faisant office de Cour constitutionnelle une requête sous R.Const.278/TSR en inconstitutionnalité de l'action en tierce opposition sur l'affaire en cause.

En réponse à cette assignation, la partie défenderesse adressa un mémoire en réponse déposé au greffe de la Cour Suprême de justice le 28 février 2014. Ce dossier fut transmis en état à la Cour constitutionnelle sous R.Const.0065/278/TSR.

La partie demanderesse a présenté trois moyens en appui à sa cause portant sur les points suivants : la violation de l'article 56 de la Constitution, dont la partie défenderesse en tierce opposition se rend coupable en organisant le pillage du terrain litigieux ; la violation de l'article 52 de la Constitution en empêchant aux Congolais d'aspirer à la paix et à la sécurité dans leur pays, par le fait d'utiliser ce terrain querellé à des fins subversives ou terroristes contre les Congolais ; la violation des articles 9 et 19 de la Constitution en ce que l'action en tierce opposition vise à se faire substituer à l'État congolais dans l'exercice de sa souveraineté nationale.

La partie défenderesse, avant de développer ses moyens dans son mémoire en réponse déposé au greffe de la Cour de céans le 25 février 2015, prit soin d'indiquer que l'acte attaqué en inconstitutionnalité, à savoir, l'assignation en tierce opposition, est un exploit d'huissier qui n'est ni acte législatif ni acte règlementaire ou tout autre acte relevant, en cas de violation, à la compétence de la Cour constitutionnelle.

S'attaquant aux moyens de la demanderesse, la défenderesse a soutenu en premier lieu que le premier moyen qui se rapporte à la violation de l'article 56 de la constitution se trouve être non fondé, parce qu'une action en tierce opposition ne vise pas le pillage, mais la protection des intérêts légitimes, et au besoin il aurait pu être porté devant le juge pénal.

En deuxième lieu, que la procédure de tierce opposition n'est ni acte subversif ni acte terroriste, mais elle est un droit légal prévu par les articles allant de 80 à 84 du Code de Procédure Civile congolais et ne porte pas atteinte à l'article 52 de la Constitution. En troisième lieu, la partie demanderesse est imprécise et incomplète dans sa démarche consistant à démontrer en quoi consiste la violation des articles 9 et 19 de la Constitution dans cette cause.

L'arrêt sous R.Const.0065/215 de la Cour constitutionnelle fut rendu en ces termes : la procédure en tierce opposition déférée devant elle ne rentre pas dans la sphère de sa compétence, telle qu'elle découle de l'alinéa 1er de l'article 160 et des alinéa 1 à 3 de l'article 162 de la Constitution et des articles 43 et 52, alinéa 1er de la Loi organique n° 13/026 du 15 octobre 2013 portant organisation et fonctionnement de la Cour constitutionnelle. Elle se déclara donc incompétente de connaitre de cette cause pourtant pendante depuis février 2014.

Notre questionnement d'objection scientifique dans cette étude reste toujours celui de savoir, en se tenant à la seule qualité du sujet de droit et non à l'objet en litige, la justice aura résolu quel problème de société qui lui est pourtant posé ? Aurait-il suffi de débouter le requérant intervenant en tierce opposition de son droit, au seul motif que cette procédure n'entre pas dans sa compétence pour éteindre le contentieux ?

Un quatrième arrêt rendu, à titre d'exemple, est celui enrôlé sous R.Const.0063 répondant à la requête d'une société commerciale et qui porte sur la demande de paiements du solde de la créance principale, dont la société débitrice, a été condamnée à la liquidation de celle-ci par un tribunal de commerce de Kinshasa/Gombe.

La demanderesse sollicite de la Cour constitutionnelle l'annulation pour inconstitutionnalité de l'exploit d'assignation en tierce opposition avec requête en suspension de l'exécution de l'arrêt RCA 31.353 diligentée dans le cadre de la procédure judiciaire mue sous RCA 32.309 pendante devant la cour d'appel de Kinshasa/Gombe.

Selon les faits et rétroactes évoqués, la demanderesse déclare avoir été en relation d'affaires avec une société qui l'a recruté comme sous-traitant chargé de la maintenance et de l'entretien des sites de télécommunications dans le Bas-Congo.

Il soutient avoir vu son contrat prendre fin de manière brusque et unilatérale, pendant que son personnel a été illégalement gardé sous un nouveau contrat de recrutement. Le coût total de ses prestations en renvoi s'élevait à 85.738,64 dollars américains, dont il était convenu à être liquidé dans des délais déterminés, mais le paiement s'effectuait difficilement.

Faute pour la société débitrice de s'exécuter au paiement de la créance dans les délais impartis, la demanderesse saisit le tribunal de commerce de Kinshasa/Gombe dans la cause sous RCE 3291 en instance jusqu'à ce que celui-ci se prononça pour la condamnation au paiement du solde assorti de dommages et intérêts.

Cette œuvre du premier juge fut confirmée au degré d'appel par arrêt rendu sous RCA 31.353 pour irrecevabilité de l'appel introduit par la société débitrice. Mais, cette dernière initia une nouvelle action en tierce opposition dans la même cour d'appel sous RCA 32.309 pour obtenir la suspension de l'exécution de ce jugement devenu irrévocable.

La demanderesse introduisit le 2 juillet 2015 une requête à la Cour constitutionnelle pour solliciter qu'elle déclare inconstitutionnelle et de nul exploit l'assignation en tierce opposition sous RCA32.309 diligentée devant la Cour d'appel de Kinshasa/Gombe.

Le moyen unique en appui à sa demande est tiré de la violation de l'article 21 de la constitution, en ce que les défendeurs qui sont demandeurs en tierce opposition n'auraient La partie défenderesse en inconstitutionnalité ont soutenu avoir droit de former la tierce opposition contre le jugement, auquel leur mandant avait été partie, puisqu'ils n'avaient pas été représentés et que la demande d'annulation d'un acte de procédure n'est pas une matière dévolue à la compétence de la Cour constitutionnelle conformément aux articles 43 et 52 de la Loi organique n° 13/026 du 15 octobre 2013 portant son organisation et son fonctionnement.

L'arrêt sous R.Const.0063 de la Cour constitutionnelle répondit à la requête de la demanderesse en ces termes : sans qu'il soit nécessaire d'examiner les moyens de fond allégués par la demanderesse, la Cour dit cette fin de non-recevoir recevable et particulièrement fondée.

En conséquence, elle se déclara incompétente à connaître de cette action, étant donné que l'exploit en tierce opposition attaqué en inconstitutionnalité n'est pas un acte législatif ni un acte réglementaire relevant de sa compétence aux termes des articles 43 et 52 de la Loi organique n° 13/026 du 15 octobre 2013 portant organisation et fonctionnement de la Cour constitutionnelle.

La Cour constitutionnelle a ainsi donné raison à la partie défenderesse pour la fin de non-recevoir qu'elle a soulevée et l'a dit partiellement fondée. Elle s'est déclarée, ensuite, incompétente à connaître de l'inconstitutionnalité de l'exploit d'assignation en tierce opposition sous RCA 32.309 pendant devant la cour d'appel de Kinshasa/Gombe.

Un cinquième arrêt indicatif de la Cour constitutionnelle au sujet d'un exploit de tierce opposition, enregistré sous R.Const.0009 et rendu le 29 janvier 2016 en réponse à la requête introduite le 15 avril 2015 par une société commerciale, sollicitant de cette Cour l'inconstitutionnalité l'annulation de la procédure judiciaire en tierce opposition pendante sous RC 4094 mue par la partie défenderesse devant la Cour d'appel de Matadi/Congo-Central.

Selon la description de faits par la partie demanderesse, l'intervenante volontaire, gérante d'une société de transport présente celle-ci comme étant soumise à une campagne négative au niveau de l'opinion publique, à la suite de graves accidents de circulation répétés faisant de nombreuses victimes, dont elle aurait été tenue responsable. Et pourtant, les passagers qu'il présente comme des clandestins dans ses véhicules sont censés ne pas y être à bord, puisqu'il y a une instruction d'interdiction formelle qui y est affichée.

En outre, ajoute-t-elle, sa société est victime de la privation du droit à la défense dans les juridictions judiciaires et subit l'application de certaines dispositions légales qui ne sont pas conformes à la Constitution. Que dans le cas d'espèce sa société s'est vue être condamnée par la cour d'appel de Matadi sous RCA 3887 à de lourdes sommes d'amendes, voire même collée à une société en liquidation, sans preuve d'absorption, de rachat ou de fusion.

Elle signale qu'une société concurrente a initié devant la même juridiction une requête en tierce opposition sous RCA 4094 dans la cause inscrite sous RCA 3887, raison pour laquelle, il sollicite de la Cour constitutionnelle, par voie d'exception d'inconstitutionnalité, d'ordonner la surséance de cette cause en tierce opposition pendante devant la cour d'appel de Matadi/Congo-Central.

Ses moyens d'appui à sa cause sont la violation de l'alinéa 3 de l'article 19 de la Constitution pour privation du droit de la défense et violation de l'article 56 pour privation à la nation, aux personnes physiques ou morales de tout ou une partie de leurs propres moyens d'existence tirés de leurs ressources ou de leurs richesses.

Ce dernier arrêt pris en exemple et enrôlé sous R.Const.0009 au greffe de la Cour constitutionnelle répondit à cette requête de la demanderesse en ces termes : examinant sa compétence, la Cour note que la procédure en tierce opposition déférée devant elle ne rentre pas dans la sphère de ses attributions, telles qu'elles découlent des articles 160 alinéa 1er et 162 alinéas 1 à 3 de la Constitution en combinaison avec les articles 43 alinéa 1 et 2 de la Loi organique n° 13/026 du 15 octobre 2013 portant organisation et fonctionnement de la Cour constitutionnelle.

Il y a lieu de faire le constat malheureux, suivant lequel, les requérants utilisent les mêmes articles de la Constitution évoqués à tort ou à raison dans ces deux requêtes pour justifier les violations parfois sans fondement et sans rapport avec les actes attaqués ou revendiqués.

Aussi, serait-il de grand intérêt pour la Cour constitutionnelle de privilégier des approches pédagogiques dans la phase d'introduction d'instance, pour ne pas se contenter de la mécanique facile du simple filtrage au niveau du traitement des dossiers en cause.

Mais, également et surtout, il est de grande utilité pour toute juridiction constitutionnelle à améliorer les approches de communication avec le public et les scientifiques. Sinon, aussi haut que puisse planer ces nouvelles institutions avec honneur et respect, leur havre essentiel reste en trouble.

Que dire sur le désistement ?

3. Le désistement

La procédure de désistement est l'une des plus simples procédures dans son exploit judiciaire, puisqu'il s'agit de renoncer à une prétention sur un avantage, dont le demandeur a la certitude de trouver gain de cause. Dans cet entendement du langage courant, le désistement en justice bénéficie à la paix sociale et donne l'exemple d'une certaine morale d'abnégation ou de sagesse de la part de celui qui se désiste de son propre gré et une éthique de sollicitude et de reconnaissance de la part de celui qui en bénéficie.

Mais, au-delà de cet entendement courant dans la pratique sociale, la procédure de désistement en justice est présentée comme un jeu d'intelligence par lequel le demandeur en désistement prétendument perdant ou altruiste, peut procéder soit au désistement d'instance pour revenir lorsqu'il y aura des circonstances plus convenantes, soit au désistement d'action lorsque la renonciation définitive peut lui épargner de tout retournement en sa défaveur.

Dans les deux cas, la validité du désistement est subordonnée à la qualité du seul demandeur pour mettre fin à l'instance ou pour renoncer définitivement à ses droits et actions. Il est également fait exigence qu'il y ait l'accord du défendeur au désistement dans l'affaire en cause, sauf au cas où il y aurait un désistement d'appel, d'opposition ou de pourvoi contenant de réservées.

§1. Formes de désistement

Dans la pratique ou dans l'application du droit, pour besoin de clarification, il est donné une définition juridique au désistement en justice et distinction classique entre différents types de désistement.

La définition la plus simple est celle qui recourt à la logique addictive d'un sujet de droit dans un procès, non dans le sens de renoncer à y répondre, mais à y renoncer de manière librement consentie et en y mettant fin.

La manière juridique la plus complète pour cerner la notion de désistement est celle de présenter ses trois régimes juridiques, dont le premier n'engage pas les deux autres et généralement pris comme simple acte de procédure. Il s'agit « du régime juridique d'acte de procédure, d'instance ou d'action, traduisant respectivement trois situations de désistement. La première est engagée pour renoncer aux effets qui résultent de la procédure. La deuxième est celle par laquelle la partie demanderesse renonce à la procédure qu'elle a engagée au principal ou incidemment. La troisième est entreprise pour renoncer tant de la procédure qu'au fond du droit »[67].

Le plus important aussi est de connaître la particularité de chaque cas de désistement pour évaluer les effets de droit et de faits lors d'un désistement, mais aussi de relever que « quelle que soit l'identité de la partie renonçant, la partie adverse conserve le droit de se prévaloir de l'acte de procédure abandonnée »[68]. Cela donne à penser que « le désistement d'un acte de procédure n'est pas uniquement l'apanage du demandeur à titre principal ou incident, mais également celui du défendeur « pur et simple »[69].

1. Le désistement de procédure

Le désistement de procédure est l'acte par lequel l'initiative de désistement est engagée par la partie demanderesse devant une juridiction. A ce stade, « les droits d'action ou d'instance restent intacts, en ce que l'auteur du désistement se réserve le droit de poursuivre l'instance comme si l'acte de procédure n'avait jamais été déposée, voire le cas échéant de réintroduire un acte semblable »[70].

Par le désistement d'un acte de procédure, la partie renonce aux effets qui en résultent pour elle. Le cas le plus simple du désistement est celui par lequel une partie renonce aux effets qui résultent pour elle d'un acte de procédure isolé. Mais, le désistement de procédure n'est pas l'apanage du seul demandeur à titre principal ou incident, mais également celui du défendeur.

Chacune de deux parties conserve le droit de se prévaloir de l'acte de procédure abandonné. C'est en cela que réside son originalité par rapport aux deux autres régimes juridiques de désistement. « À moins que l'acte de procédure, dont se désiste le demandeur soit précisément l'acte introductif

---

[67]*Nicolas* WOUTERS, *Se désister en droit de la procédure civile.* Mémoire pour master en droit, Année Académique 2014-2015, sous la promotion de Jean-François Van Drooghenbroeck, Faculté de droit et de criminologie, Université catholique de Louvain, pp. 9-11.

[68] ROUARD, *Traité élémentaire de droit judiciaire privé. La procédure civile. Deuxième partie, l'instruction de la demande, t.III,* Bruylant, Bruxelles, 1977, p. 330

[69]*Idem*

[70] D. MOUGENOT, *La jurisprudence du code judiciaire commentée, t.* II, la Charte, 2013, p. 283.

d'instance. Dans ce cas, c'est le régime du désistement d'instance qu'il faudrait appliquer »[71].

Si, au cours d'une instance introduite par requête, « le demandeur fait connaître par écrit à la Cour qu'il renonce à poursuivre la procédure, et si, à la date de la réception par le Greffe de ce désistement, le défendeur n'a pas encore fait acte de procédure, la Cour rend une ordonnance prenant acte du désistement et prescrivant la radiation de l'affaire sur le rôle.

La copie de ladite ordonnance est adressée par le Greffier au défendeur »[72].

Si, à la date de la réception du désistement, « le défendeur a déjà fait acte de procédure, la Cour fixe un délai dans lequel il peut déclarer s'il s'oppose au désistement. Si, dans le délai fixé, il n'est pas fait objection au désistement, celui-ci est acquis et la Cour rend une ordonnance en prenant acte et prescrivant la radiation de l'affaire sur le rôle. S'il est fait objection, l'instance se poursuit ».[73]

L'équilibrage entre le droit du demandeur de retirer librement sa requête et celui du défendeur de ne pas subir de désavantage s'articule d'abord autour de la notion d'acte de procédure. « Si aucun acte de procédure n'a pas été fait, le désistement peut être unilatéral ; si un acte de procédure a été fait, le désistement doit faire l'objet d'un accord. L'acte de procédure semble devoir être entendu de la manière la plus large. Cette orientation constitue une protection du défendeur. Il devra être consulté et pourra objecter dans tous les cas où un acte de procédure, ainsi largement entendu, aura été commis. Dans la pratique du greffe, la nomination d'un agent constitue déjà un acte de procédure ».[74]

Si, à un moment quelconque avant l'arrêt définitif sur le fond, les parties, conjointement ou séparément, notifient à la Cour par écrit qu'elles sont convenues de se désister de l'instance, la Cour rend une ordonnance prenant acte du désistement et prescrivant que l'affaire soit rayée du rôle.

Si les parties sont convenues de se désister de l'instance parce qu'elles sont parvenues à un arrangement amiable, la Cour peut, si les parties le désirent, soit faire mention de ce fait dans l'ordonnance prescrivant la radiation de l'affaire sur le rôle, soit indiquer les termes de l'arrangement dans l'ordonnance ou dans une annexe à celle-ci. Toutefois, l'acte de procédure est une décision administrative et non judiciaire.

La pratique courante est le désistement par consensus. Et, si la Cour n'a pas encore précisé la portée qu'elle entend attacher au terme « acte de procédure », elle peut soit le limiter au premier acte de procédure portant sur le fond de l'affaire, c'est-à-dire, à la première pièce écrite soit au moins au premier acte

---

[71] *P.* RUARD, *Op. Cit., p.329.*
[72] J. SALMON *(éd.), Dictionnaire de droit international public,* Bruxelles, 2001, pp.329-330
[73] *Idem*
[74] *Ibidem*

de procédure du défendeur. Mais, si le défendeur n'a pas encore fait l'acte de procédure, il n'est pas encore entré dans le procès, et donc il ne saurait s'y opposer.

Je parle du désistement d'instance dans les lignes qui suivent.

2. Le désistement d'instance

Le désistement d'instance est une renonciation qui n'emporte pas celle à l'action, c'est-à-dire, au fond du droit. « Parce que tout en ayant pour effet l'anéantissement de la procédure engagée dans son intégralité, il ne fait pas obstacle à l'introduction d'une nouvelle procédure une fois abandonnée celle qui faisait l'objet de désistement, à moins que, dans l'intervalle, n'ait expiré un délai de prescription ou de forclusion. Donc, le désistement d'instance est une pure question de procédure étrangère au fond ».[75].

Le désistement est un acte convenu et notifié à la Cour par son auteur, puisqu'il affecte la partie adverse, dont il faut garantir ses droits, en exigeant également une espèce d'accord de désistement. Mais, si la partie adverse n'objecte pas, dans un délai imparti par la Cour, à la volonté de désistement du demandeur, ses demandes reconventionnelles éventuelles n'auront plus d'objet pour régler judiciairement le litige.

Dans ce cas, une nouvelle demande, au simple gré de l'ancien demandeur qui s'était désisté, peut être envisagée, mais sans une quelconque influence du juge. « Le principe dispositif du désistement d'instance n'emporte pas de renonciation à un droit. Il n'est point aliénation, mais simple suspension de l'exercice du droit d'action. Dès qu'il y a acceptation de la partie adverse après échange de consentement entre parties, faisant un usage simultané et convergent de leurs libertés, le juge se trouve lié et se voit interdire, en vertu du principe dispositif d'élever une contestation, dont les parties ont exclu l'existence »[76].

En matière de désistement d'instance, il y a restriction au désistement d'une voie de recours dès lors que celui-ci intervient lorsque le jugement a été signifié et que le délai d'appel a expire. Dans ce cas, le désistement d'instance produit les mêmes effets qu'un désistement d'action irrégulier puisque l'expiration du délai interdit à l'auteur du désistement de réintroduire une nouvelle procédure.

Dans cette optique, « il parait logique d'interdire le désistement d'instance dans le cas où le désistement d'action n'est pas toléré lorsqu'il touche les matières d'ordre public. La cohérence du système exige que le désistement d'instance ne puisse obtenir, ne fut-ce qu'indirectement, des résultats analogues

---

[75] T. DE HAAN, *Le point sur Les désistements,* J.T, 2001, p. 281.

[76] Jean FrançoisVAN DROOGHENBROECK, *Cassation et juridiction, Op.Cit.* p. 308

à ceux d'un désistement d'action ou d'acquiescement, dans les matières où ceux-ci sont interdits »[77].

Comparativement au désistement, « l'ordre public interdit également l'acquiescement à une décision qui fixe les obligations, dont la charge est régie par les dispositions d'ordre public ou plus largement qui a été rendue dans une matière touchant l'ordre public »[78].

Ainsi, par exemple, « il ne peut avoir désistement ou acquiescement dès lors qu'une loi sociale ou fiscale d'ordre public est mise en cause, ou à un jugement en matière de faillite ou à un jugement relatif à l'état des personnes, en matière de procédure pénale ou d'atteinte à la liberté individuelle ».[79]

Il convient à présent d'évoquer le désistement d'action.

3. Le désistement d'action

Le désistement d'instance est souvent envisagé comme une procédure qui consisterait « à s'aménager la possibilité de recommencer le procès sur une base plus saine à son avantage, surtout si la demande a été mal engagée et pourrait avoir des conséquences fâcheuses »[80].

Par contre, le désistement d'action est une renonciation tant à la procédure qu'au fond du droit, surtout que « l'auteur renonce au droit d'agir à la prétention, dont le juge avait été saisi et s'interdit de recommencer le procès ».[81]Et, en tant qu'« acte unilatéral », sa validité n'est pas tributaire de l'acceptation de la partie adverse.

Le désistement d'action implique « une renonciation au droit d'agir qui constitue un droit subjectif, ayant un objet, le pouvoir d'accomplir les actes nécessaires à l'obtention d'une décision de justice statuant sur le fond d'une prétention juridique par l'application des normes légales. À ce titre, l'action en justice se présente comme une prérogative pour son titulaire, dont l'appartenance et la maitrise lui reviennent en propre.[82]

Dans la pratique judiciaire courante, le désistement d'action est souvent « le résultat d'une transaction entre les parties, par laquelle le défendeur obtient du

---

[77]P. RAYNAUD, *Le désistement d'instance. Contribution à l'étude de la renonciation à un droit, Revue trimestrielle de droit civil,* 1942, p.11

[78] M.GRÉGOIRE, *L'ordre public dans la jurisprudence de la Cour de cassation, L'ordre public : concept et application,* 1995, p.69O

[79]*G.*GLOSSET-MARCHAL *et* Jean François VAN DROOGHENBROECK, *Les voies de recours en droit judiciaire privé, Op.Cit.p. 13.*

[80]P.ROUARD, *Op.Cit., p.319.*

[81]T. DE HAAN, *Op.Cit.p.318.*

[82] J.VAN CAMPERNOLLE, *Le droit d'action en justice des groupements,* Ed. larcier, Bruxelles, 1972, p.15

demandeur, moyennant certaines conditions d'entente, parmi lesquelles figure l'abandon d'une voie de recours pour l'affaire en procès »[83].

En droit, la faculté de désistement tire son fondement du principe dispositif qui consacre dans la tradition accusatoire de la procédure civile le paradigme selon lequel « la maitrise de la matière litigieuse est abandonnée aux parties et donc ce sont les parties qui, par ces conclusions tracent le cadre du procès civil et le juge est tenu de s'y conformer dans les limites fixées par ces conclusions »[84].

Le principe dispositif du désistement d'action est celui « fondé sur la liberté comme étendard, prenant appui sur des principes des valeurs dans une société au sein de laquelle une place prépondérante et prégnante est réservée à l'autonomie de la volonté du justiciable pour autant qu'elle soit loyale »[85].

Ainsi, « une création sous contrainte par le juge en vue de limiter la possibilité reconnue aux parties de renoncer aux droits, dont elles ont la libre disposition, ou lorsqu'il outrepasse le cadre de litige tel qu'il a été trace par les parties serait vouloir excéder ses pouvoirs au risque d'encourir la censure de la hiérarchie »[86]

Un autre débat important est celui « de situer l'ordre public dans une procédure de désistement, lorsqu'on sait que l'ordre public est intéressé par la conservation de certains droits et par conséquent envisageant le cas de désistement, il serait logiquement interdit de renoncer au bénéfice d'une règle d'ordre public »[87].

En matière de désistement d'action, « l'auteur du désistement obtient, le cas échéant, la reformation du jugement prononçant sa renonciation à l'action. Dans ce cas, le juge donnera acte au demandeur de son désistement d'instance, qui devra le cas échéant être accepté par la partie adverse »[88].

Mais, le désistement d'action est interdit en matière fiscale puisque cette matière est d'ordre public, ainsi que certaines dispositions de droit social et de dispositions légales relatives à l'assujettissement au statut social des travailleurs indépendants.

Cette matière abondante présentée sur le désistement répond à un besoin d'approfondissement, dont la faible jurisprudence de la jeune Cour constitutionnelle congolaise ne s'est pas encore enrichie de cette pratique

---

[83]P. Gérard., H.BOULARBAH *et* Jean François VAN DENBROOGHENBROECK, *Pourvoi en cassation en matière civile, RPDB, Bruylant, Bruxelles, 2012, p.. 280.*

[84] H. VIZIOS, *Études de procédure, Bière,* Bordeaux, 1956, p.441.

[85] Jean François VANDROOGHENBROECK, *Le juge et le contrat,* RGDC, 2007, p. 597

[86] DUJARDIN, *Le droit de la défense dans la jurisprudence de la Cour de cassation,* J.T, 2003, p. 623.

[87]C. MARQUET, *Les défenses en droit judiciaire : vers un ordre public procédural,* Ed. Larcier, Bruxelles, 2010, p.13.

[88] GAND, *Droit civil, 5 juin 2012, Revue, trimestrielle droit famille,* 2013/1. p. 324.

judiciaire et les quelques arrêts rendus indiquent des balbutiements, quoique fort encourageants. Puisque jusque-là, la Cour n'a pas encore statué sur le régime juridique de chacune de deux requêtes de désistement qui lui ont été soumises.

Car, il doit être précisé dans chacune des requêtes introduites si les auteurs en font un désistement d'instance ou celui d'action sur les affaires en cause.

J'évoque, à présent, les arrêts de la Cour Constitutionnelle relatifs au désistement.

4. Les arrêts de la Cour Constitutionnelle relatifs au désistement

Je présente, à titre indicatif, deux arrêts rendus en rapport avec le désistement des personnes privées après l'introduction d'une requête en contentieux électoral devant la Cour constitutionnelle.

Un premier arrêt est celui enrôlé sous R.Const.215/2016 pour répondre à la requête du deuxième suppléant d'un député national décédé, laquelle a été enregistrée le 04 février 2016 au Greffe de la Cour constitutionnelle, demandant à cette dernière de décider de l'invalidation du mandat du nouveau député national validé et mis en cause.

Le requérant a affirmé qu'au moment de la demande, il était deuxième suppléant de l'honorable décédé, élu dans la même circonscription électorale que lui et qu'il remplit toutes les conditions pour que son mandat soit validé à la place du premier suppléant qui, selon le même requérant, se trouverait dans une situation d'incompatibilité, étant donné qu'il est encore militaire des Forces Armées de la République Démocratique du Congo au moment de sa validation.

En effet, il a souligné que le mandat du premier suppléant, avait été validé par la plénière de l'Assemblée nationale du 15 décembre 2015, alors qu'au moment de ladite validation, le concerné continuait à exercer une fonction incompatible avec le mandat de Député National.

Le requérant estime que ce premier suppléant a induit l'Assemblée nationale en erreur en obtenant d'elle la validation de son mandat, alors qu'il savait pertinemment bien que ce mandat obtenu, est incompatible avec sa fonction actuelle de membre des forces armées, comme le précise le point 3 de l'alinéa 2 de l'article108 de la constitution actuellement en vigueur.

La Cour a constaté, par ailleurs, qu'en date du 08 juin 2016, le requérant avait déposé à son Greffe un acte de désistement pour des raisons de convenances personnelles. Pour la Cour constitutionnelle, le contentieux constitutionnel ne peut admettre de désistement lorsqu'il s'agit d'une action mue par des autorités publiques, en cas d'un devoir obligatoire qui leur incombe, et visant un intérêt général.

Mais qu'en revanche, dans les cas visant des intérêts privés ou des particuliers, la renonciation ne peut qu'être opérante. La Cour estime que dans le cas d'espèce, l'acte déposé par le requérant volontairement, à temps et dans une affaire se rapportant à son intérêt privé, ne lui permet plus, dans le cas d'espèce, d'examiner la présente requête tant sur la forme que sur le fond.

Pour la Cour, le fait pour le requérant de renoncer à son action comme il l'a fait, lui prive du droit et de l'intérêt à juger. A cet effet, elle n'aura qu'à recevoir son désistement et à lui en donner acte. La Cour a reçu le désistement fait par le requérant dans la cause inscrite sous R.CONST. 215, et lui en a donné acte.

Un deuxième arrêt sous R.Const.473 portant sur le désistement d'action a été rendu pour répondre à la requête introduite par un particulier à la date du 7 avril 2016. Et, en date du 20 avril 2017, le requérant a fait parvenir au Greffe de la Cour constitutionnelle son acte de désistement fait volontairement et signé par lui-même, acte qu'il convient de prendre en considération à 2006, telle que révisée à ce jour, parce qu'ayant été mis en mal par la Commission Electorale Nationale Indépendante ce jour ;

Le deuxième est le prérequis du droit d'intenter une action en justice ou ester en justice qui implique la possibilité pour tout individu de saisir les juridictions nationales compétentes de tout acte violant les droits fondamentaux qui lui sont reconnus et garantis par les conventions, les lois règlements et coutumes en vigueur.

Parmi ces droits fondamentaux y figurent le droit à la défense, celui de se faire assister par un défenseur de son choix, le droit d'être jugé dans un délai raisonnable par une juridiction impartiale est une des exigences fondamentales tant de la charte africaine des droits de l'homme et des peuples, mais aussi de la Constitution du 18 février 2016.

Le troisième est celui de la protection des droits fondamentaux à la suite d'une requête adressée à la Cour constitutionnelle aux fins d'être rétabli dans ses droits. C'est un des droits fondamentaux qui rentre dans la fourchette de protection et d'encadrement de la Cour de céans en tant que faisant partie intégrante des Cours et tribunaux lesquels assurent le pouvoir judiciaire qui, en application de l'article 150 al.1er de la Constitution du 18 février 2006, le présente comme le gardien des libertés individuelles et des droits fondamentaux.

Le quatrième est relatif au droit facultatif d'intenter une action comme une prérogative qui n'est ni exigence en justice ni un impératif et que, par conséquent et dont il est possible de renoncer à ce droit *ad nutuum*. Donc, renoncer à une action, à une requête ou encore à une instance est un droit de disposition pour le requérant, entrainant ainsi, *de jure*, la « biffure de l'affaire du rôle », en l'espèce, du Rôle constitutionnel (R.Const).

L'argumentaire du requérant a été présenté en cinq prérequis juridiques. Le premier se rapporte au droit d'éligibilité exprimé de la manière suivante : attendu qu'en date du 04 mai 2016 le requérant avait sollicité de la Cour de céans le rétablissement dans ses droits intangibles par la Constitution, notamment, celui d'être éligible et de briguer un mandat politique aux échéances en cours en vertu de l'article 5 alinéa 5 de la Constitution du 18 février.

Enfin, la cinquième porte sur l'annulation des effets à la suite de ladite biffure, qui implique le retrait du Rôle de l'affaire produit, en droit, des effets ex nunc, c'est-à-dire, l'action ou la requête est considérée comme inexistante à partir du moment du désistement, produisant ainsi des effets pour l'avenir.

Ainsi, toutes affaires cessantes, pareille situation juridique entraine, de plein droit, l'anéantissement de toute insistance pendante ayant eu comme élément enclencheur de ladite action (requête), anéantie de par le désistement. De ce qui précède, le requérant voulait manifestement et de bon droit, présenter à la Cour de façon formelle son désistement et sa renonciation à la requête du 07 avril 2016 inscrite sous R.Const.271/216 pour convenances personnelles.

La Cour a décidé de rendre son arrêt comme suit : il importe de déduire de ce désistement, le retrait et l'abandon total de cette partie instigatrice dans la présente cause. Il note que ce désistement est volontaire, non tardif et régulier.

Elle note que premièrement, le désistement fait par le requérant l'est pour des raisons de convenance personnelle. Le requérant n'affirme donc pas avoir été poussé par une cause extérieure, indépendamment de sa volonté. Il souligne avoir librement et volontairement choix de se désister de l'action qu'il a engagée.

Deuxièmement, l'acte de désistement avait été déposé au greffe de la Cour en date du 20 avril 2017, telle que le renseigne le récépissé du greffe, et cela, bien avant que la Cour ne tienne sa toute première plénière sur cette cause afin de statuer sur les mérites ou non de sa requête. Il s'agit donc d'un désistement actif et non tardif.

Troisièmement, le requérant s'est régulièrement désisté. La procédure suivie dans la présente cause renseigne à cet effet que l'acte de désistement avait été déposé et reçu au greffe de la Cour.

Étant donné que l'instigateur s'en est volontairement, activement et régulièrement désisté, la Cour ne pourra sous aucune justification fondée, passer outre cet acte déterminant. Elle devra simplement le prendre en considération.

Et pour cela, il a été décidé d'ordonner la biffure de cette cause du rôle de la Cour. Et cet acte sera amplement suffisant, sans nécessiter un quelconque arrêt de donner acte.

Dans le cas d'espèce, la Cour a constaté que le requérant qui visait un intérêt personnel, a librement choisi de se désister de l'action mue devant la Cour constitutionnelle. Et que par cet acte, il prive la Cour de tout intérêt à statuer et à prendre un acte juridictionnel, en l'occurrence un arrêt de donner acte.

Puisqu'il ne s'agit pas d'une question d'intérêt général ou d'un trouble à l'ordre public, auquel cas la Cour aurait pu justifier d'une nécessité d'intérêt général à statuer et à prononcer un acte juridictionnel d'office et il lui a été donné acte en biffant la présente cause de son rôle inscrit sous R.Const.271.

Conclusion

L'interrogation centrale de ce chapitre est celle de savoir si dans une juridiction constitutionnelle, les auteurs de demande de désistement doivent préciser s'il s'agit d'un désistement d'instance ou d'action, puisqu'il n'y a pas une quelconque possibilité de recours? Et, subsidiairement il peut être posé la question de savoir si un désistement d'instance peut être reçu, au cas où, le requérant revient à charge de son désistement ?

Quelle est alors la procédure de la déclaration du patrimoine familial devant la Cour Constitutionnelle ? Tel est l'objet du chapitre suivant.

Chapitre 6

La procédure de la déclaration du patrimoine familial devant la Cour Constitutionnelle

La procédure déclaratoire du patrimoine familial est celle par laquelle un mandataire politique ou public s'exécute en un acte administratif à l'obligation légale de signaler ses propriétés personnelles ou indivises auprès d'une institution ayant compétence à en prendre acte. La validité de cet acte administratif de dépôt tient lieu de procédure, à certaines conditions, dont la qualité du sujet, le délai légal de dépôt et l'authenticité des documents en font acte de foi.

Je parle de l'origine de la déclaration du patrimoine familial devant la Cour Constitutionnelle, de la procédure et termine par les illustrations.

1. Origine de l'exigence de la déclaration du patrimoine familial

L'exigence de la déclaration du patrimoine familial prend origine à celle de l'éthique faisant « l'obligation aux titulaires de fonctions publiques de déposer une déclaration de patrimoine en vue de s'assurer de la transparence et de l'égalité de traitement dans une démocratic « Cela signifie que l'exercice d'une fonction publique ne peut injustement profiter à la personne qui l'exercice. Il peut ainsi être évité de susciter l'impression qu'il y a confusion d'intérêt »[89].

La déclaration de patrimoine des mandataires publics constitue « la garantie que ces personnes ne tirent aucun avantage illicite de l'exercice de leurs mandats. Si un mandataire est accusé à tort de s'être enrichi de manière irrégulière, sa déclaration de patrimoine peut être le moyen de prouver son innocence »[90].

Les mandats assujettis visés par la loi y sont déterminés, ainsi que le champ d'application. Dans la Constitution de la République Démocratique du Congo, l'alinéa 1er de l'article 99 spécifie qu'il s'agit du Président de la République et de membres du Gouvernement.

---

[89] Cour des Comptes belge, *Vade-mecum relatif au dépôt des déclarations du patrimoine,* Assemblée générale de la Cour des Comptes du 7 décembre 2006, pp.5-6.
[90] *Document parlementaire, Sénat belge, 1997-1998, n°1-622/12, p. 16*

2. Procédure

Il énumère les biens devant faire l'objet de cette déclaration comme suit : les biens meubles, y compris actions, parts sociales, obligations, autres valeurs, compte en banque, leurs biens immeubles, y compris terrains non bâtis, forets, plantations et terres agricoles, mines et tous autres immeubles, avec indication de titres pertinents. Il est précisé à l'alinéa 2 de ce même article que le patrimoine familial inclut les biens du conjoint selon le régime matrimonial, des enfants mineurs et des enfants même majeurs, à charge du couple.

Le délai des échéances de dépôt de la déclaration du patrimoine familial est fixé par les alinéas 3 et 4 dudit article, endéans trente jours après l'entrée en fonction pour les mandataires entrants et faute de cette déclaration, la personne est réputée démissionnaire. Le même délai de trente jours est appliqué aux membres sortants, faute de laquelle ou en cas de déclaration frauduleuse ou de soupçon d'enrichissement sans cause, la Cour constitutionnelle est saisie selon le cas.

La Constitution fixe l'entrée en fonction du Président de la République dans les dix-jours qui suivent la proclamation des résultats définitifs de l'élection présidentielle, en vertu de l'alinéa 1er de l'article 74. En ce qui concerne l'entrée en fonction des membres du Gouvernement, il s'est dégagé un consensus à la Cour constitutionnelle pour la situer à la date de leur investiture au Parlement.

En ce qui concerne la présentation de la déclaration du patrimoine familial, à l'instar d'autres pratiques en la matière, l'estimation de la valeur des biens n'est pas obligatoire. Mais, avec la petite nuance que la Cour constitutionnelle congolaise fait l'exigence à ce que lui soit également présenté le solde au compte le jour de la déclaration. La Cour considère que différemment de titres immobiliers et mobiliers, la fongibilité des comptes ne permettrait pas de rendre les titres en détention pertinents par la seule indication du numéro de compte, sans en donner le contenu.

Évidemment, il se pose le problème de la nécessité de confidentialité et de sensibilité intime pour les titulaires des comptes bancaires. Mais, la redevabilité de cette haute fonction publique vis-à-vis de contribuables est à ce prix de transparence, eu égard de malheureuses expériences d'enrichissement sans cause pour de nombreux mandataires publics.

La déclaration du patrimoine familial est présentée à la Cour constitutionnelle suivant la procédure normale du dépôt de requête à son greffe, où il lui est attribué un numéro au Rôle de Déclaration du Patrimoine Familial (RDPF) aux termes du point 6 de l'article 23 du Règlement intérieur de la Cour constitutionnelle.

Elle sera ensuite soumise à la vérification des pièces en plénière, en toute confidentialité avant d'être programmée en audience publique pour que soit rendu l'arrêt. La Cour prend acte de la déclaration du patrimoine familial ou décline les observations conformément aux dispositions légales prévues à cet effet.

Comme dans tous les dossiers exigeant la qualité à agir, celui de la déclaration du patrimoine familial doit être dactylographié et signé par la partie elle-même ou par son avocat dûment mandaté et comporter les noms, qualité et adresse du requérant, ainsi que l'objet domicile, lieu et date de naissance aux termes des alinéas 2 et 3 de l'article 27 du Règlement intérieur de la Cour Constitutionnelle

Mais, puisqu'il s'agit d'une matière tout à fait privée engagée dans un procès, la Cour constitutionnelle fait exigence de la présentation du dossier de la déclaration au greffe par le requérant lui-même, afin de garantir toute la confidentialité, à moins d'une raison suffisamment appréciée par la Cour.

3. Illustrations

Une requête introduite par un ancien Premier ministre à la Cour Suprême de justice, faisant office de Cour Constitutionnelle le 18 mai 2010 pour interprétation de l'article 99 alinéa 1er voulut savoir si les membres du Gouvernement maintenus après une ordonnance présidentielle, mais permutés à d'autres postes au sein de nouveau gouvernement pouvaient être concernés par l'obligation de faire la déclaration de leur patrimoine familial.

La Cour Suprême de Justice, bien qu'ayant examiné la cause en plénière et prise en délibéré le 29 avril 2011, n'a pas pu prononcer l'arrêt pourtant annoncé pour l'audience publique du 6 mai 2011. Le dossier de la cause fut transmis en l'état à la Cour constitutionnelle, en vertu de l'article 117 alinéa 2 de la Loi organique n 13/026 du 15 octobre 2013 portant son organisation et son fonctionnement.

La Courconstitutionnelle dans son arrêt sous R.Const.002/2016/TSR rendit son verdict séance tenante.

Elle a fait remarquer que la requête relevait de sa compétence et a observé néanmoins qu'aux termes de l'article 160 alinéa 4 de la Constitution, elle statue en matière d'interprétation de celle-ci dans un délai de trente jours à compter du dépôt du recours, sauf circonstances exceptionnelles.

Elle a jugé que la Cour Suprême de Justice doit avoir été confrontée à un cas de force majeure qui l'a mise dans l'impossibilité de statuer dans le délai, pour ne pas avoir rendu son arrêt attendue après la prise de la cause en délibéré pour son audience publique du 29 avril 2011.

Aux termes de l'article 162, alinéa 1er de la Constitution, la Cour connaît des recours en interprétation de la Constitution sur saisine du Président de la République, du Gouvernement, du Président du Sénat, du Président de l'Assemblée nationale, d'un dixième de chacune des chambres parlementaires, des Gouverneurs de province et des présidents des Assemblées provinciales.

Mais, que le Premier ministre dans sa requête concernée a agi à titre personnel, en se fondant sur l'article 161 alinéa 1er de la Constitution, pour saisir la Cour en interprétation de la Constitution.

Sa requête fut déclarée irrecevable, car, le Premier ministre n'en a pas qualité, aux termes de l'article 161 de la Constitution.

La question est restée en suspens et elle mérite une réflexion plus approfondie pour savoir si la sortie et la reprise des membres du Gouvernement à la suite de deux ordonnances ou par une même ordonnance d'abrogation et de nomination ne correspond pas à la fin des fonctions et à l'entrée en fonction pour soumettre les membres concernés à l'obligation de la déclaration du patrimoine familial.

Bien qu'ayant été évacuée par cet arrêt fort juste à cause de la cohérence de l'argumentation conformément aux textes repris dans la Constitution, elle reste cependant tout entière.

J'ai voulu, à la fin de ce paragraphe, montre la manière dont la Cour constitutionnelle s'est sagement évertué à garder la bonne mesure dans ses arrêts sur les requêtes en déclaration du patrimoine familial.

Les arrêts de la Cour constitutionnelle ont été rendus de la manière parfaite et élégante pour éviter de prendre la totale responsabilité en cas d'application rigoureuse des alinéas 4 et 5 relative aux sanctions encourues par ceux des membres du Gouvernement qui se sont passés de l'obligation légale de déclaration lors de leur entrée ou leur sortie du Gouvernement. Il en est de même pour tous ceux qui n'ont pas respecté le délai de dépôt de leurs déclarations du patrimoine familial.

Un premier arrêt illustratif est celui enrôlé sous RDPF : 184, 227, 242, 267, 268, 271, 278, 293, 294, 297, 299, 314, 315, 316, 317 répondant aux requêtes déposées du 12 décembre au 31 janvier 2017 relatives aux déclarations du patrimoine familial des membres du Gouvernement nommés par ordonnances n°018/003 du 18 avril 2012 portant nomination d'un Premier ministre, n°14/078 du 07 décembre 2014 portant nomination des vice-premiers ministres, des ministres d'État, des ministres et des vices ministre et n°15/075 du 25 septembre 2015 portant réaménagement technique du gouvernement.

La Cour constitutionnelle a noté qu'à l'audience publique du 8 mars 2017, il a été reçu les requêtes correspondant aux rôles ci-dessus de membres du Gouvernement, dont trois (nommément cités) ont, en dehors du délai constitutionnel déposé leurs déclarations écrites et quatre membres du Gouvernement (nommément cités) ont déclaré lors de l'instruction des causes que leur patrimoine familial n'a pas évolué et qu'ils sollicitent d'être relevé de la déchéance encourue pour le non-dépôt dans le délai constitutionnel de la déclaration écrite.

Ces quatre derniers ont soutenu, chacun selon son argument, soit pour indisponibilité en raison de repos médical ou en soins de santé à l'étranger, soit pour absence dans la ville et que ses services auraient omis de déposer sa déclaration écrite, soit encore en raison de visite familiale à l'étranger.

Qu'à cette même audience, la Cour a rappelé à ces derniers l'exigence constitutionnelle et légale pour eux de déposer au greffe de la Cour une déclaration écrite et qui devra éventuellement être accompagné des justifications pour le dépôt tardif.

De l'examen de leurs dossiers, il ressort que, par ordonnances présidentielles n°16/099 du 17 novembre 2016 portant nomination d'un Premier ministre et n° 16/100 du 19 décembre 2016 portant nomination des vice-premier ministre, des ministres d'État, des ministres, d'un ministre délégué et des vices ministres, le Président de la République a désigné de nouveaux membres du Gouvernement, occasionnant ainsi la sortie dudit gouvernement d'un grand nombre d'anciens membres.

Aux termes de l'alinéa 1er de l'article 99 de la Constitution, la requête a été déclarée recevable.

La Cour a noté qu'avant leur entrée en fonction et à l'expiration de celle-ci, le président de la Cour constitutionnelle reçoit la déclaration écrite de leur patrimoine familial énumérant leurs biens meubles, y compris actions, parts sociales, obligations autres valeurs, comptes en banque, leurs biens immeubles, y compris terrains, immeubles, avec indication des titres pertinents.

L'alinéa 2 de l'article 99, dispose que le patrimoine familial inclut les biens du conjoint selon le régime matrimonial, des enfants mineurs et des enfants, même majeurs, à charge du couple.

Examinant sa compétence, la Cour constitutionnelle a jugé que l'objet, dont elle était saisie relevait de sa compétence, conformément aux articles 99 alinéas 1er et 2 de la Constitution, telle que révisée à ce jour, 83 alinéa 1er et 2 de la Loi organique n°13/026 du 15 octobre 2013 portant son organisation et son fonctionnement et 71 alinéas 1er et 2 de son Règlement intérieur.

Quant à la recevabilité des causes sous examen, la Cour a noté que seize des membres du Gouvernement démissionnaire ont déposé les déclarations écrites de leur patrimoine familial. L'article 99 alinéa 5 de la Constitution précise que dans les trente jours suivant la fin des fonctions, faute de cette déclaration, en cas de déclaration frauduleuse ou de soupçon d'enrichissement sans cause, la Cour constitutionnelle ou la Cour de cassation est saisie selon le cas.

Se fondant sur l'article 90 alinéa 4 de la Constitution, la Cour considère que c'est l'entrée en fonction du nouveau Gouvernement qui consacre la fin de fonction du Gouvernement démissionnaire.

Dans le cas d'espèce, et après avoir entendu le programme du nouveau Gouvernement présenté par le Premier ministre, l'Assemblée nationale l'a approuvé et investi le Gouvernement par motion n°001 CAB/P/AN/AM/2016 le 22 décembre 2016, la Cour a donc reçu les déclarations du patrimoine familial de membres du Gouvernement.

En effet, c'est cette date que la Cour a retenue comme celle de fin des fonctions des membres du Gouvernement démissionnaire ; le délai prévu à l'alinéa 5 de l'article 99 de la Constitution étant un délai fixe, il est computé de jour à jour, à partir de l'investiture du nouveau gouvernement par l'Assemblée nationale.

La Cour a d'abord noté que sur dix-neuf des membres du Gouvernement démissionnaire qui ont déposé leurs déclarations écrites, treize (nommément cités) l'ont fait dans le délai constitutionnel de 30 jours, soit du 22 décembre 2016 au 22 janvier 2017.

Elle a relevé, en outre, que trois membres du Gouvernement démissionnaire (nommément cités) ont déposé leurs déclarations écrites, en dehors du délai constitutionnel, soit le 31 janvier 2017, sans en donner les raisons objectives et légitimes pour être relevés de la déchéance encourue. Elle a rejeté ces trois requêtes

Examinant la question de la comparution à l'audience du 08 mars 2017 de quatre membres du Gouvernement démissionnaire (nommément cités), la Cour a estimé que les déclarations verbales faites à l'audience publique du 08 mars 2017 ne rentrent en aucun cas dans les modes de saisine de la Cour constitutionnelle.

D'où, la Cour s'est déclarée non saisie et cela conformément à l'article 27 alinéa 1er, 2 et 4 de son Règlement intérieur qui dispose que la Cour est saisie par requête écrite des parties ou du procureur général déposée contre récépissé du greffe. La requête dactylographiée est signée par la partie elle-même ou par un avocat dûment mandaté pour que le greffier inscrive la requête dans un rôle, tel que défini à l'article 23 de son Règlement intérieur.

Ainsi, la Cour s'est déclarée non saisie quant aux demandes incidentes formulées à l'audience publique du 08 mars 2017 par les membres (nommément cités).

Un deuxième arrêt illustrant cet exercice laborieux de la Cour est celui enrolé sous RDPF 312/314/315/316/317/318/319/320 répondant aux requêtes de déclaration de leur patrimoine familial déposées au Greffe de la Cour constitutionnelle respectivement le 21 octobre 2015, le 22 octobre 2015 et le

24 octobre 2015 par les membres du Gouvernement nommés par l'ordonnance présidentielle n°015/075 du 25 septembre 2015conformément aux dispositions des alinéas 1 et 2 de l'article 99 de la Constitution du 18 février 2006.

Cette disposition constitutionnelle énonce qu'avant leur entrée en fonction et à l'expiration de celle-ci, le Président de la République et les membres du Gouvernement sont tenus de déposer, devant la Cour constitutionnelle, la déclaration écrite de leur patrimoine familial.

Il s'agit de leurs biens meubles, y compris actions, part sociales, obligations, autres valeurs, compte en banque, leurs biens immeubles, y compris terrains non bâtis, forêts, plantations et terres agricoles, mines et tous autres immeubles, avec indication des titres pertinents. Le patrimoine inclut les biens du conjoint selon le régime matrimonial, des enfants mineurs et des enfants, même majeurs, à charge du couple.

Examinant sa compétence, la Cour constitutionnelle a jugé que l'objet, dont elle est saisie relève de sa compétence conformément aux articles 99 de la constitution, telle que révisée à ce jour, 83 de la Loi organique n°13/026 du 15 octobre 2013 portant son organisation et son fonctionnement.

Il a été par la suite joint la requête sous RDPF 321, dont le demandeur a déposé sa déclaration en dehors du délai constitutionnel. Mais, la Cour ayant trouvé ses justifications fondées, à la suite d'une demande adressée à la Cour pour la levée de déchéance dans sa correspondance reçue au Greffe le 14 décembre 2015, la Cour lui a accordé la levée de déchéance.

Un troisième arrêt pris en exemple est celui enrôlé sous RDPF 265 à 311 qui répondait aux requêtes de déclarations du patrimoine familial des membres du Gouvernement nommés par ordonnance n°14/078 du 07 décembre 2014 portant nomination des vice-premiers ministres, ministres d'État, ministres et vice ministres, tous requérants et sollicitant un arrêt de donner acte, dont la Cour Suprême de Justice aurait dû rendre le verdict.

La Cour Suprême de Justice a confirmé que les intéressés ont tous, conformément aux dispositions de l'article 99 alinéa 1er de la Constitution du 18 février 2006, telle que révisée à ce jour, déposé régulièrement leurs déclarations du patrimoine familial au greffe de la Cour Suprême de justice, faisant office de la Cour constitutionnelle, dans le délai requis par la Constitution.

Cependant, ladite Cour ne leur a pas donné acte de leurs déclarations du dépôt du patrimoine familial comme le prescrit le deuxième alinéa de l'article 83 de la loi organique n°13/026 du 15 octobre 2013 portant organisation et fonctionnement de la Cour constitutionnelle.

Ainsi, lors de l'installation de la Cour constitutionnelle le 04 avril 2015, le greffier en chef de la Cour Suprême de Justice a transféré en l'état tous les dossiers relevant de la compétence de la Cour constitutionnelle, dont les déclarations du patrimoine familial des membres du Gouvernement concernés. En vue de remédier à cette entorse de procédure, la Cour constitutionnelle a reçu les déclarations du patrimoine familial des requérants et leur en a donné acte.

La Cour a constaté que certains membres du Gouvernement concernés par cette procédure, quoiqu'ayant déclaré leur patrimoine familial à l'entrée au Gouvernement, ne se sont pas acquittés de cette même obligation constitutionnelle prévue à l'alinéa 1 de l'article 99 de la Constitution ; Celui-ci énonce qu'avant leur entrée en fonction et à l'expiration de celle-ci, les membres du Gouvernement auraient dû déposer devant la Cour constitutionnelle la déclaration écrite de leur patrimoine familial.

Ne l'ayant pas fait dans le délai prescrit, ils ont enfreint la disposition constitutionnelle précitée.

Un quatrième arrêt illustrant des justifications pour raisons de missions et soins de santé à l'étranger est celui répondant x requêtes enrôlées sous RDPF 0130 à 0161 et actées au Greffe du 28 décembre 2016 au 24 janvier 2017. Les membres du Gouvernement concernés sont ceux nommés respectivement par l'ordonnance présidentielle n°16/099 du 26 novembre 2016 pour le Premier ministre et celle n° 16/100 du 19 décembre 2016 pour des vice-premiers ministres, des ministres d'État, des ministres, d'un ministre délégué et vice-ministres.

Après avoir entendu le programme du Gouvernement présenté par le Premier ministre à l'Assemblée nationale, à la suite de la motion n°001 CAB/P/AN/AM/2016 du 22 décembre 2016, ayant donné lieu à l'approbation dudit programme et à l'investiture du Gouvernement, la Cour a confirmé l'entrée en fonction dudit gouvernement

Il ressortait de l'alinéa 1er de l'article 99 de la Constitution qu'avant leur entrée en fonction et à l'expiration de celle-ci, le Président de la République et les membres du Gouvernement sont tenus de déposer, devant la Cour constitutionnelle, la déclaration écrite de leur patrimoine familial. Il est énuméré dans le même article, leurs biens meubles, y compris actions, part sociales, obligations, autres valeurs, compte en banque, leurs biens immeubles, y compris terrains non bâtis, forêts, plantations et terre agricoles, mines et tous autres immeubles avec indication des titre pertinents.

L'alinéa 2 du même article énonce que le patrimoine familial inclut les biens du conjoint selon le régime matrimonial, des enfants mineurs et des enfants, même majeurs, à charge du couple et l'alinéa 4 poursuit que faute de cette déclaration, endéans les 30 jours, la personne concernée est réputée démissionnaire.

Examinant sa compétence, la Cour constitutionnelle a jugé que l'objet, dont elle est saisie relevait de sa compétence conformément aux articles 99 alinéas 1er et 2 de la Constitution, telle que révisée à ce jour, 83 alinéa 1er et 2 de la Loi organique n°13/026 du 15 octobre 2013 portant organisation et fonctionnement de la Cour constitutionnelle et 71 alinéas 1 et 2 de son Règlement intérieur.

Quant à la recevabilité des causes sous examen, la Cour a noté que soixante-cinq des membres du Gouvernement ont déposé les déclarations écrites de leur patrimoine familial dans le délai constitutionnel. Dès lors, ces déclarations ont été reçues par la Cour constitutionnelle.

Le délai prévu à l'alinéa 4 de l'article 99 de la Constitution n'étant pas franc, il est computé de jour en jour à partir de l'investiture du Gouvernement par l'Assemblée nationale, extirpé des jours non ouvrables.

La Cour a constaté cependant que deux membres du gouvernement ont déposé tardivement les déclarations écrites de leur patrimoine familial, soit le 13 février 2017. Le premier a justifié son retard du fait que son absence du pays répondait aux raisons d'État, tandis que le deuxième a attesté qu'il était en déplacement pour des soins de santé à l'étranger, circonstances indépendantes de sa volonté l'ayant empêché d'accomplir son obligation constitutionnelle.

La Cour était d'avis que les justifications fournies par les intéressés, pour le dépôt tardif des déclarations écrites de leur patrimoine familial, étaient pertinentes et fondées. Par conséquent, elle a relevé les intéressés de la déchéance encourue pour le dépôt tardif de leurs actes.

Dès lors, la Cour a reçu les déclarations écrites du patrimoine familial de l'ensemble des membres du gouvernement et leur en a donné acte.

Un cinquième arrêt enrôlé sous RDPF 0160 à 0218 répondait aux requêtes signées par les membres du Gouvernement ont, conformément aux disputions des alinéas 1, 2 et 4 de l'article 99 de la Constitution, déposé leurs déclarations écrites du patrimoine familial eux-mêmes et déposées au Greffe de la Cour constitutionnelle du 12 mai 2017 au 14 juin 2017. Cependant, au cours de sa séance plénière tenue le 22 juin 2017, la Cour constitutionnelle a procédé à l'examen de déclarations écrites du patrimoine familial de chaque membre du gouvernement.

Dans le souci d'obtenir d'amples informations sur les dossiers à lui présenté dans la présente cause, la Cour a, conformément à l'article 29 de son Règlement intérieur, invité les membres du gouvernement à se présenter devant elle durant la période du 05 juillet au 04 Août 2017. Répondant à cette invitation, chacun des requérants, à l'appui de sa déclaration, a fourni les titres pertinents exigés par la constitution.

Il ressortait des éléments du dossier que les 07 avril et 08 mai 2017, le Président de la République a signé deux ordonnances, la première n°17/004 nommant le Premier ministre et la seconde n°17/005 nommant les autres membres du Gouvernement.

Après avoir entendu le programme du gouvernement présenté par le Premier ministre, l'Assemblée nationale a par motion n°001/CAB/P/AN/AM/2017 du 16 mai 2017, approuvé ledit programme et investi le Gouvernement.

Pour une bonne administration de la justice, toutes ces requêtes visant le même objet ont été jointes pour permettre à la Cour de rendre un seul et même arrêt.

Examinant sa compétence, la Cour constitutionnelle a jugé que l'objet, dont elle était saisie relève de sa compétence conformément aux dispositions des articles 99 alinéas 1er, 2 et 4 de la Constitution et 83 alinéas 1er et 2 de la Loi organique N°13/026 du 15 octobre 2013 portant organisation et fonctionnement de la Cour constitutionnelle et 71 alinéas 1 et 2 de son Règlement intérieur.

S'agissant de la recevabilité des causes sous examen, la Cour a noté que tous les membres du Gouvernement ont déposé les déclarations écrites de leur patrimoine familial dans le délai constitutionnel prévu à l'alinéa 4 de l'article 99 de la Constitution qui n'est pas franc. Il est compté de jour en jour à partir de l'investiture du Gouvernement par l'Assemblée nationale, extirpé des jours non ouvrables.

Dès lors, la Cour a reçu les déclarations écrites du patrimoine familial de tous les membres du Gouvernement et leur en a donné acte.

Conclusion

Ces cas de procédure déclaratoire du patrimoine familial suivie avec précaution et délicatesse démontrent à suffisance l'exercice très adroit auquel se livre l'Institution gardienne de la Constitution pour sauver l'équilibre des institutions politiques dans la phase actuelle de la démocratie congolaise.

Le prochain chapitre concerne la procédure de prise de décision de la Cour Constitutionnelle.

Chapitre 7
La procédure de prise de décisions de la Cour Constitutionnelle

La décision de la Cour constitutionnelle est rendue par un arrêt après délibération en plénière précédant l'audience publique. Trois principes, tout à fait distincts, régissent la délibération pour la prise de toute décision de la Cour, notamment, l'impérative nécessité de l'indépendance des juges, l'exigence du consensus pour la prise de décision ou du vote pour dégager la majorité en l'absence de celui-ci et la constitution du quorum légal requis pour valider la décision.

1. Les prérequis à la procédure de la prise de décisions à la Cour Constitutionnelle

Les trois prérequis à la procédure de la prise de décision devant la Cour constitutionnelle se déclinent comme un devoir moral et matériel, comme une exigence de conditionnalité d'usage pratique et de la norme, ainsi que comme nombre légal ou un seuil de qualification à toute présence des membres pour une prise de décision.

D'abord, l'indépendance du Juge assortie de son impartialité et de sa dignité est un devoir moral et matériel pour tout exercice professionnel et pour toute activité liée à celui-ci. C'est l'indépendance du juge qui rassure les justiciables de son autorité sur la chose jugée et de son intégrité ou sa probité intellectuelle. La Loi organique dans son article 10 en donne une portée à la fois solennelle et noble dans la formulation du serment des juges.

Cet article sur le serment des juges est libellé de la manière suivante : Moi,... Je jure solennellement de remplir loyalement et fidèlement les fonctions de membre de la Cour constitutionnelle de la République Démocratique du Congo, de les exercer en toute impartialité, dans le respect de la Constitution, de garder le secret de délibération et des votes, de ne prendre aucune position publique, de ne donner aucune consultation à titre privé sur les questions relevant de la compétence de la Cour constitutionnelle et de n'entreprendre aucune activité mettant en cause, l'indépendance, l'impartialité et la dignité de la Cour.

Ensuite, la tendance dominante dans la pratique judiciaire de toute juridiction constitutionnelle est celle consistant à privilégier le recours au consensus dans la prise des décisions. Ce dernier se traduit par la sagesse surplombant l'ordre délibératif et confirmatif à l'unanimité pour souder l'unité des juges animée du même esprit du bon sens.

Mais, selon la loi, les décisions sont prises à la majorité des voix et en cas de partage des voix, celle du président est prépondérante. En République Démocratique du Congo, cette disposition est prévue par l'article 92 de la Loi Organique n° 13/026 du 15 octobre 2013 portant organisation et fonctionnement de la Cour constitutionnelle.

Le constituant congolais de la Constitution en vigueur a cependant aménagé un espace médian en matière répressive, lequel permet au juge qui a émis l'opinion la moins favorable au prévenu de se rallier aux deux autres opinions : la plus favorable et celle accusant une certaine neutralité conformément à l'alinéa 3 de l'article 92 de la Constitution.

Bien que faisant l'objet d'un débat nourri au sujet de l'interprétation de l'alinéa 4 dudit article, un accommodement plausible a été consacré en faveur de toute opinion dissidente ou individuelle devant être exprimée par le juge de la position minorisée pour marquer son désaccord dans le même arrêt. Celle-ci est intégralement reproduite en fin de celui-ci.

Enfin, la constitution du quorum légal requis est le moyen par lequel, une assemblée se donne la limite qualifiée en nombre de participants pour valider sa décision en toute condition de normalité et selon les principes de normativité. Le quorum est donc une condition, sans laquelle l'aboutissement d'une décision se trouve viciée par rapport à la norme et à sa validation qualitative.

Le quorum pour siéger valablement fait partie de l'exigence du plus grand nombre possible de participants à une décision pour lui éviter dans le processus décisionnel tout recours abusif à une majorité mécanique, opportuniste ou intéressée, d'une part, et un retranchement sentimental subjectif ou émotionnel, d'autre part.

Aussi, peut-il être affirmé que les termes de la Loi organique portant organisation et fonctionnement de la Cour constitutionnelle sont présentés dans deux articles substantiellement différents pour qualifier deux exigences légales également différentes.

La première exigence est celle du vote à majorité conformément à l'alinéa 4 de son article 92 et la seconde est celle de siéger et délibérer valablement qu'en présence de tous ses membres, sauf empêchement temporaire de deux d'entre eux au plus dûment constaté par tous les membres, en vertu de l'article 90.

En exégèse de ces deux textes, la pensée du législateur est allée d'abord au nombre qualifié pour la présence des membres à la délibération des décisions de la Cour et ensuite au mode de votation pour statuer sur les options soulevées par les membres de la Cour. Mais, la liaison structurelle entre les deux est que l'on ne peut pas modifier l'une sans en altérer l'autre.

Il convient d'évoquer l'introduction d'instance à la Cour Constitutionnelle.

2. L'introduction d'instance à la Cour Constitutionnelle

La procédure d'introduction des requêtes aux juridictions constitutionnelles est presque la même juridiquement et administrativement pour le dépôt au greffe de pièces du dossier en vue de leur enregistrement et l'enrôlement au greffe de la Cour constitutionnelle, la notification aux parties et la transmission à la Cour pour examen.

Sur le plan juridique, le requérant est tenu à manifester sa volonté de saisie pour la poursuite, en indiquant sa qualité juridique, l'objet en cause et la partie adverse citée ou inconnue. L'objectif de cette présentation juridique des parties est de qualifier les sujets de droit, l'objet de droit par la détermination des actes incriminés pour leur donner à la fois l'ouverture de l'instance et le droit à l'instruction.

Sur le plan administratif, le greffe comme secrétariat juridictionnel de la Cour soumet les parties à l'authentification des pièces, à l'inscription au rôle selon les matières en cause, la notification aux parties de faits portant sur la prétention du demandeur et les mémoires en réponse du défendeur, ainsi qu'à toute personne citée par les parties.

Le greffe délivre les récépissés pour confirmation du dépôt et informe les parties et leurs conseils de l'évolution de la procédure, au cours de laquelle les requêtes sont transmises au président de la Cour pour examen et au Parquet près la Cour Constitutionnelle pour avis. Le Président nomme par ordonnance un rapporteur, qui engage l'examen et l'instruction jusqu'à soumettre son rapport à la plénière pour un procès en audience publique. Cette dernière est fixée de concert avec le greffier, qui établit par la suite le rôle d'audience, tout en informant les parties et leurs conseils respectifs.

A l'audience, le Greffier tient la plume et prend fidèlement note dans un registre appelé « Plumitif » de tout le déroulement du procès. Il procède à la mise en forme de l'arrêt rendu qu'il signe en préséance avec le président du céans et tous les juges ayant participé à l'audience publique.

Après transcription de l'arrêt au répertoire, l'acte est, sauf en matière électorale, soumis à l'enregistrement au service des domaines dans un délai généralement déterminé par loi ou suivant les urgences établies à des fins utiles d'exécution. Il assure la notification aux personnes intéressées et aux autorités déterminées par la loi avant de le transmettre au Journal officiel pour publication.

Quelles sont les formules du prononcé des arrêts de la Cour Constitutionnelle ?

3. Les formules du prononcé des arrêts de la Cour Constitutionnelle

Chaque juridiction constitutionnelle formalise sa manière de rendre ses arrêts pour les uniformiser en termes d'expression et pour les rendre conformes à la portée et au contenu de la chose jugée.

Mais, au-delà du simple vocabulaire, la formule du prononcé des arrêts traduit plusieurs options de lecture d'un jugement rendu et de la compréhension de ce qui a emmené à ce jugement.

Depuis la mise en place de la Cour constitutionnelle congolaise, deux formules du prononcé des arrêts de la Cour ont été utilisées mettant en exergue dans chacune de formules la manière dont la Cour procède pour prendre et rendre ses arrêts. La première formule était que : « la Cour a jugé et prononcé » et la seconde est la suivante : « la Cour a délibéré et statué ».

La première formule consacre le caractère décisionnel du jugement, suivi de son prononcé solennel par le président de la Cour. Le jugement qui est prononcé à l'audience publique couvre une dimension d'expression essentiellement réquisitoire et solennelle. « C'est la formule traditionnelle en usage pour les arrêts de la Cour Suprême de Justice depuis fort longtemps »[91]

La deuxième formule qui, au-delà de l'évocation du caractère délibératif, met en exergue le fait que les juges sont arrivés au résultat de la délibération par une décision statuée et confirmée de manière définitive, c'est-à-dire, les juges ont statué en autorité de la chose jugée.

Conclusion

En plus de la bonne raison de renforcer l'idée de « délibéré et statué », il est fait remarquer que les Juges n'ont pas « prononcé un sursis à statuer » ou un référé, mais ils ont tranché avec autorité de manière définitive, en faveur de prétentions qu'ils ont jugées fondées et justes.

Il est ainsi affirmé que les Juges ont statué sur le fond de ce qui leur avaient été soumis et non sur ce qui ne leur a pas été demandé (extra petita), ni accordé plus qu'il leur a été demandé (*ultra petita*), ni omis de statuer sur un chef de demande qui leur a été soumis (*infra petita*).

C'est cette dernière formule qui est d'usage aujourd'hui, lorsque la Cour constitutionnelle prononce ses arrêts.

Le dernier chapitre rappelle la procédure des arrêts rendus par la Cour Constitutionnelle.

---

[91] Bulletin des arrêts de la Cour Suprême de Justice, Année : janvier 1980 décembre 1984, Éditions du service de Documentation et d'Études du Ministère de la Justice, Kinshasa, 2001, p.161.

Chapitre 8

Procédure de l'exécution des arrêts rendus par la Cour Constituionnelle

Le dernier questionnement en rapport avec la procédure relative à l'exécution des arrêts de la Cour constitutionnelle mérite, comme je l'avais dit ci-haut, des solutions adéquates, appropriées et urgentes dans la mesure où le législateur est resté si pas muet, mais moins regardant. Dans l'esprit de nombreux justiciables ou citoyens tout court, le législateur a laissé carrément la Cour constitutionnelle totalement dépourvue de moyens d'application de ses propres décisions.

Il est important de signaler les requis de la Cour Constitutionnelles, ses innovations jurisprudentielles et ses défis.

1. Les requis

Il est à noter que la combinaison des articles 168 de la Constitution et 95 de la Loi organique se limitent à énoncer seulement le caractère exécutoire et obligatoire des arrêts de la cour, sans en déterminer la procédure de l'exécution, autre que celle de la poursuite de l'exécution par le Procureur General près la Cour constitutionnelle, suivant l'article 94 de la Loi organique portant son organisation et son fonctionnement.

L'article 168 de la Constitution dispose que : « Les arrêts de la Cour constitutionnelle ne sont susceptibles d'aucun recours et sont immédiatement exécutoires. Ils sont obligatoires et s'imposent aux pouvoirs publics, à toutes les autorités administratives et juridictionnelles, civiles et militaires ainsi qu'aux particuliers. Tout acte déclaré non conforme à la Constitution est nul de plein droit ».

L'article 95 de la Loi organique portant organisation et fonctionnement de la Cour Constitutionnelle stipule que les arrêts de la Cour sont notifiés, selon le cas, aux parties concernées, au Président de la République, au Premier Ministre, au Président de l'Assemblée nationale, au Président du Sénat, au Gouverneur de Province, ainsi qu'au président de l'Assemblée provinciale. Ils sont obligatoires et s'imposent aux pouvoirs publics, à toutes les autorités administratives, juridictionnelles, civiles, militaires, ainsi qu'à tous les particuliers.

Même dans les attributions du parquet général près la Cour constitutionnelle reprises dans les articles 14 et18 de la Loi organique de la Cour constitutionnelle, le législateur a nettement limité lesdites attributions en matière pénale. Celles-ci concernent spécialement la recherche et la constatation des infractions relevant de sa compétence en soutenant l'accusation et en requérant les peines.

Plus étonnant, le législateur invite le parquet général près la Cour de recourir au service du parquet général près la Cour de cassation en vertu d'article 18 de la Loi organique, comme pour prévenir son impuissance.

Au regard de la Constitution, les compétences de la Cour constitutionnelle sont restrictives dans les limites des matières faisant l'objet du contentieux constitutionnel seulement dans le procès et pas dans le déroulement de l'exécution de ses arrêts.

De manière générale et cela concerne toutes les juridictions constitutionnelles, deux débats s'invitent dans le procès et dans la procédure d'exécution des arrêts de la Cour constitutionnelle pour saisir la portée de questionnements qui nous préoccupe et l'entendement que l'on se fait sur le rôle de la Cour constitutionnelle dans la présente étude.

Le premier débat concernant le procès devant la Cour constitutionnelle n'échappe pas au principe dispositif, lequel privilégie les parties dans la présentation des prétentions au procès et subordonne l'intervention du juge à l'objet mis en cause par les parties demanderesse et défenderesse.

Il est donc important de comprendre comment les parties perçoivent et présentent leurs propres prétentions devant la Cour constitutionnelle au regard de deux grandes matières infractionnelles relevant de la Cour, à savoir l'inconstitutionnalité et l'anti-constitutionnalité. Il semble bien que les requérants ne font pas une grande différence entre les deux notions lorsqu'ils introduisent leurs demandes devant la Cour.

Le juge constitutionnel dans nombreux Pays privilégie davantage les causes sur l'inconstitutionnalité des lois et actes règlementaires pendant que nombreux requérants surtout confrontés aux actes de procédure judiciaire attendent plus du juge constitutionnel qu'il se prononce sur l'anti-constitutionnalité de nombreux actes de pouvoirs publics.

Ces deux notions se complètent dans un entendement commun, mais l'une et l'autre ont chacune son champ concret d'application. L'inconstitutionnalité se rapporte à la non-conformité d'un texte ou d'une disposition légale vis-à-vis de la Constitution, particulièrement, en ce qui concerne les actes législatifs ou réglementaires, pour lesquels les citoyens n'accordent que peu d'attention.

L'anti-constitutionnalité renferme un champ plus large de toute pratique politique et tout acte des pouvoirs publics violant la Constitution, comme il en est fait usage pour la « Question Prioritaire de Constitutionnalité ». Il s'agit principalement d'atteinte aux droits civiques et politiques des citoyens, aux attributs de souveraineté, au pluralisme politique, aux activités de l'opposition politique, à la nationalité congolaise.

Dans l'entendement simple du citoyen moins initié au droit, les Cours constitutionnelles africaines se rebiffent de la question d'anti-constitutionnalité en usant constamment de la parade d'irrecevabilité pour défaut de qualité ou de la technique judiciaire d'incompétence face aux requêtes en anti-constitutionnalité de droit et de fait des actes des pouvoirs publics. Et pourtant la Cour constitutionnelle est la gardienne de la Constitution, dont elle a la principale mission de la protéger et de protéger les libertés et les droits fondamentaux garantis par la Constitution.

La Cour Constitutionnelle a apporté des innovations jurisprudentielles comme je le signale au point suivant.

2. Innovations jurisprudentielles apportées par la Cour Constitionnelles

À ce sujet, la Cour constitutionnelle a innové en apportant sa contribution par deux arrêts de principes.

Le premier arrêt de principe est celui par lequel la Cour se donne la compétence de traiter du fond d'une requête, même si elle n'est pas la sienne à la principale demande de la requête, lorsqu'il y a un constat flagrant de violation des libertés et des droits fondamentaux des requérants. Mais, à condition qu'il n'ait pas une autre juridiction compétente pour l'ouverture d'un recours. Ainsi, pour les droits garantis par la Constitution, la Cour s'en saisit d'office pour protéger, par exemple, le droit de la défense, et sa compétence s'en trouve fondée.

Le deuxième arrêt est celui qui a déclassé les actes d'assemblées politiques comme n'étant pas des actes législatifs ni réglementaires et par conséquent ne devraient pas relever de la compétence de la Cour dans le contentieux d'inconstitutionnalité. Mais, lorsqu'il s'est agi de la violation de droit, par exemple, celui à l'éligibilité du citoyen, la Cour s'en est saisi.

Ces deux arrêts, bien qu'ayant valeur de revirement jurisprudentiel par rapport aux jugements jadis rendus par la Cour Suprême de Justice faisant office de Cour constitutionnelle, ont permis à la Cour de renforcer ses acquis jurisprudentiels dans ces matières au bénéfice de tout requérant pour les prochains contentieux similaires.

Quels sont les éventuels défis de la Cour Cnstitutionnelle ?

3. Défis de la Cour Constitutionnelle

En revenant au débat initial, il peut être bien affirmé, que lorsque les requérants arrivent devant la Cour constitutionnelle, ils s'attendent plus à ce que celle-ci tranche certainement sur l'inconstitutionnalité des actes législatifs ou réglementaires, mais aussi et surtout qu'elle se penche sur l'anticonstitutionnalité de tout acte de pouvoirs publics qui porte atteinte aux droits fondamentaux des citoyens, fut-il acte juridictionnel. C'est le grand défi, auquel toute justice constitutionnelle devra y faire face.

De ce débat politique et scientifique, la justice constitutionnelle devra s'efforcer à garder sa légitimité démocratique, politique et finalement juridique, par rapport à ce dont les citoyens attendent pour recevoir des solutions de sa part, et qui devraient impérativement figurer dans le registre de ses réponses.

Au sujet de la légitimité démocratique, il est important de savoir qu'à la différence du système juridique européen, dans le système juridique américain, tous les tribunaux ont la compétence de juridiction constitutionnelle et les litiges individuels issus du contentieux constitutionnel peuvent leur être soumis.

Le système européen, dont nous tirons notre formule de la justice constitutionnelle est celui d'une juridiction spéciale et unique de recours et du dernier ressort. Cette dernière a compétence aussi bien pour la résolution de litiges individuels que pour de grands litiges politiques en rapport avec la Constitution.

Le modèle de justice constitutionnelle à juridiction spéciale pour le contrôle de constitutionnalité des actes législatifs ou réglementaires et l'interprétation des dispositions constitutionnelles place le juge constitutionnel en position de compétition avec le législateur. Et, s'il n'y a pas dans la société un véritable impact de la Cour sur les résultats à tirer de sa capacité de résolution des contentieux auxquels la population espère obtenir des solutions, sa légitimité démocratique s'en trouve affectée.

La légitimité politique dépend de l'opinion marquante, dont la classe politique et la société civile se font de la Cour constitutionnelle. Si elles la trouvent trop penchée aux thèses largement favorables au pouvoir, elle perd de sa crédibilité politique. Et, si l'examen du contentieux constitutionnel ne répond plus à l'une des préoccupations majeures des citoyens dans un État de droit, à savoir, le respect de la Constitution, alors sa légitimité politique est mise en mal.

La légitimité politique de toute Cour constitutionnelle est surtout celle tirée de l'unanimité faite autour de la crédibilité de ses arrêts rendus pour la validation ou l'invalidation d'une norme contrôlée (lois) ou d'une norme de référence (Constitution) dans l'ensemble de toute la société politique et civile.

Du point de vue formel, « le juge constitutionnel est supposé ne pas se tromper sur la décision qu'il rend, laquelle est censée toujours être du côté de la volonté de la société et où il n'y a pas de moyen disponible de correction. Toutefois, dans la pratique de la justice constitutionnelle et cela ne prête plus à controverse sur le plan logique, il est admis que la loi n'est pas l'expression de la volonté générale, mais l'expression de la majorité parlementaire.

Horizontalement, elle n'est pas la volonté de tous, mais seulement, la volonté de la majorité. Verticalement, elle n'est pas la volonté du peuple, mais la volonté du Parlement »[92].

Dans son commentaire sur la justice constitutionnelle grecque, le même auteur Antonis Panagopoulos affirme que « si la Cour constitutionnelle qui apprécie la conformité des lois et des actes règlementaires à la Constitution et qui est censée protéger les droits fondamentaux de citoyens contre les abus de pouvoir ou de tiers puissants, ne joue plus son rôle de modérateur et de régulateur, alors le peuple peut se détourner d'elle et elle devient, dans le pire des cas, anti-démocratique ».[93]

La légitimité juridique de la Cour constitutionnelle tient à la maitrise de la rigidité de la Constitution, celle de l'autorité de la chose jugée et de sa capacité de résolution des contentieux constitutionnels.

D'un côté, il s'agit de jouer à la bonne régulation pour l'équilibre entre le contrôle juridictionnel des lois et la stricte application de la rigueur constitutionnelle, de manière à laisser une marge de manœuvre suffisante au juge constitutionnel pour ne pas glisser vers la modification ou reformation systématique des lois mises en cause par les requérants.

De l'autre côté, elle devra veiller à ce que les décisions prises par la Cour ne soient trop inconstances au point de faire douter de la sacralité de la loi et de la prégnance de la justice constitutionnelle. La légitimité juridique tient également et en grande partie du niveau de son expertise pour résoudre les contentieux constitutionnels qui lui sont soumis.

Si le classicisme juridique se limite à des formules reproductibles à cartons sur l'irrecevabilité de requêtes et sur l'incompétence de la Cour par rapport aux matières qui lui sont soumises pour trouver des solutions, il y a crainte ou risque que son utilité sociale soit problématique pour les justiciables. Or, toute juridiction constitutionnelle ne vit que de la crédibilité que lui accordent ses clients, il y a donc intérêt à sauvegarder les attributs de son pouvoir judiciaire et du gardien des droits fondamentaux de la société politique et civile garantis la Constitution.

Il va de soi que si la légitimité de la Cour constitutionnelle dans sa portée démocratique, son acceptation politique et sa capacité juridique est affirmée, la procédure d'exécution des arrêts sera plus facilitée au niveau de l'État et au niveau de la Société.

---

[92] Antonis PANAGOPOULOS, *Modèle américain ou modèle européen de justice constitutionnelle. Étude comparative à travers le cas hellénique, thèse de doctorat sous la direction de André Roux, Université Aix-Marseille3, soutenue le 28.01.2011, pp.8-9.*

[93] Antonis PANAGOPOULOS, *Op.cit. p.9*

Le deuxième débat porte sur la procédure de l'exécution des arrêts de la Cour constitutionnelle. Il est question de savoir si sa capacité à résoudre les affaires qui lui sont soumises est suffisante pour couvrir les besoins de la société en justice républicaine et les attentes de la sécurité juridique des citoyens.

Vu sous cet angle du débat, cette capacité résolutoire de la Cour constitutionnelle dépend de trois grandes variables déterminantes : celle du niveau d'accessibilité des justiciables à la justice constitutionnelle, celle de la nature du contrôle concret ou abstrait et celle des effets rétroactifs ou abrogatifs des lois mises en cause dans l'ordonnancement juridique.

En ce qui concerne le niveau d'accessibilité des justiciables à la justice constitutionnelle, il est à noter que nombreux États sortis de dictatures comme l'Italie et l'Allemagne post-fascisme, la Grèce post-régime de Colonels, l'Espagne post-franco et les Pays de l'Europe de l'Est post-période soviétique, ont favorisé l'accès des citoyens à la justice constitutionnelle avec un effet d'engouement. Cela a fait augmenter les attentes pour la résolution des litiges liés au contentieux constitutionnel.

La République Démocratique du Congo comme État post-conflit se retrouve dans la même situation, avec une mise en place tardive de la Cour constitutionnelle soit près de six décennies après son indépendance et surtout emmaillées des vagues successives d'émules politiques, auxquelles s'ajoute aujourd'hui un grand éveil des citoyens dans la participation politique. Les citoyens veulent bien savourer le bénéfice d'une Constitution et jouir de la garantie de leurs libertés et droits fondamentaux.

Le choix du constituant en ouvrant ainsi la justice constitutionnelle aux citoyens était celui de " dépiéger " un système judiciaire marqué par des décennies de dictature, au cours desquelles nombreux citoyens ont perdu arbitrairement ou sous l'effet de violence de la dictature leurs droits de propriété, ainsi que leurs droits civiques et politiques. L'Assemblée constituante, dans ses quatre composantes, celle du Gouvernement, celle de l'Opposition armée, celle de l'Opposition politique et celle de la Société civile est arrivée à un compromis fort équilibré.

D'un côté, la composante Gouvernement et certains de ses Alliés de la Société civile ont obtenu qu'il soit réservé aux autorités politiques représentant de hautes Institutions de la République la qualité à saisir la Cour constitutionnelle dans les matières du contrôle de constitutionnalité et à disposer de la même qualité pour les matières d'interprétation des dispositions constitutionnelles. De l'autre côté, il été également laissé à tous les citoyens la possibilité de saisir la Cour constitutionnelle pour le contrôle de constitutionnalité des lois et des actes réglementaires, ainsi que celle d'engager l'exception d'inconstitutionnalité devant les cours et tribunaux à travers toute l'étendue de la République.

En rapport avec la nature du contrôle concret ou abstrait de constitutionnalité, il est constaté que le contrôle concret est plus attractif pour les citoyens concernés par les affaires en cause. Mais, le contrôle abstrait est vivement entretenu par l'intelligentsia, dont les débats des professionnels et des scientifiques ont un impact certain sur la marche de la justice constitutionnelle.

Au sujet de la troisième variable sur les effets rétroactifs ou abrogatifs dans une procédure d'exécution, nous pouvons prendre en référence la différence faite par les auteurs classiques entre l'annulation rétroactive ou la nullité et l'abrogation pour montrer que la procédure d'exécution des décisions est fondamentalement celle d'application d'office.

C'est en cela qu'il faut situer l'option du Constituant congolais en faveur de la nullité d'effets des décisions par la Cour sur les actes inconstitutionnels ou anticonstitutionnels.

La Constitution congolaise s'est inspirée sûrement des expériences de démocraties plus anciennes, pour prendre l'option de la nullité des effets des actes jugés inconstitutionnels par la Cour constitutionnelle et dont l'arrêt s'applique d'office sans autre procédure d'exécution.

Le modèle allemand en est l'exemple le plus illustratif, puisque « l'arrêt de la Cour n'appelle aucune autre intervention que celle de la décision du juge. Ainsi, lorsque la Cour constitutionnelle annule une loi pour inconstitutionnalité, le Chancelier fédéral ou le Chef de gouvernement de l'État fédéré compétent est tenu à publier sans délai l'annulation. Mais, si une loi a été annulée pour inconstitutionnalité, la loi reste cependant applicable aux faits intervenus avant l'annulation »[94].

Selon Kelsen, « la nullité par effet ex tunc repose sur une conception, selon laquelle une norme irrégulière n'est pas une norme et que lorsque cette irrégularité est constatée par une juridiction, elle emporte des effets rétroactifs. La norme est supposée comme n'ayant jamais existé d'un point de vue normatif. Tous les effets qu'elle a pu produire sont censés ne pas s'être produits et il sera donc nécessaire d'épurer l'ordre juridique de l'ensemble de ses effets. Selon cette lecture, l'exigence de la régularité apparait la valeur première défendue, au détriment de la sécurité juridique, c'est-à-dire, de la stabilité des relations juridiques »[95].

L'article 100 de la Loi fondamentale allemande dispose que : si un tribunal estime qu'une loi, dont la validité conditionne sa décision est inconstitutionnelle, il doit surseoir à statuer et soumettre la question à la décision du tribunal compétent pour les litiges constitutionnels de l'État fédéré,

---

[94] O Jouanajan, La modélisation des effets des décisions des juridictions constitutionnelle et administrative en droit allemand, RFFDA, 2004, p. 676.

[95] Xavier Magnon, La modulation des effets dans le temps des décisions des juges constitutionnels. Annuaire international de justice constitutionnelle (AIJC), 2012, pp.558-591.

à la décision de la Cour constitutionnelle fédérale, s'il s'agit de la violation de la présente Loi fondamentale.

En revanche, « l'abrogation avec effet ex nunc, n'emporte des effets que pour l'avenir. La norme disparaît de l'ordre juridique pro futuro. Les effets qu'elle a produits dans le passé sont maintenus. La sécurité juridique domine. Les situations acquises à partir de la norme sont préservées. Seules, les situations à venir seront affectées par la censure. Une loi non valable n'est pas du tout une loi, parce que juridiquement, elle n'existe pas et par conséquent on ne peut avancer à son sujet aucune assertion juridique »[96].

Le même auteur donne sa préférence pour l'abrogation dans sa publication sur « la garantie constitutionnelle ». Car, estime-t-il, qu'« il serait bon, dans l'intérêt de la même sécurité juridique, de n'attribuer en principe aucun effet rétroactif à l'annulation des normes générales, afin de préserver tous les actes juridiques antérieurement faits sur la base de la norme en question. Il ajoute que cette abrogation devrait s'accompagner d'effets immédiats, hic et nunc à toutes les situations en cours au moment du constat de l'irrégularité et donc d'une rétroactivité limitée.

L'intérêt de la sécurité juridique ne se rencontre pas pour « les faits antérieurs à l'annulation qui n'ont encore fait, au moment où il se produit, l'objet d'aucune décision d'une autorité publique et qui, si l'on excluait tout effet rétroactif de l'arrêt d'annulation, devraient toujours être la norme générale n'étant annulée que pro futuro, c'est-à-dire que pour les faits postérieurs à l'annulation »[97].

La procédure d'exécution d'office prévaut aussi dans « le modèle autrichien reproduit dans la Constitution autrichienne. Celle-ci prévoit de manière implicite l'effet abrogatif de la décision de censure par la Cour constitutionnelle. C'est ce qui résulte d'une lecture combinée des alinéas 5 et 7 de l'article 140 de la Constitution autrichienne de 1920. Cela veut dire que la loi déclarée inconstitutionnelle disparaît de l'ordonnancement juridique le jour de la publication de l'arrêt d'annulation de la Cour »[98].

Entre l'annulation et l'abrogation, il y a la modulation qui conduit le juge constitutionnel à choisir et à déterminer les effets qu'il convient de conférer à l'irrégularité, limitant la rigueur du tout ou rien impliquée par l'annulation ou l'abrogation.

La modulation s'inscrit à mi-chemin entre les deux, « quitte à ces solutions de pouvoir s'adapter aux contraintes pratiques issues des situations contentieuses rencontrées par les juridictions constitutionnelles. Elle apparaît comme une

---

[96] H. Kelsen, *Théorie pure du droit, traduit par Charles Eisenmann,* 2ième Édition, 1962, Bruylant, LGDJ, la pensée juridique, Bruxelles, 1999, p.267.
[97]*Xavier Magnon, Xavier Magnon, op. cit. p.3.*
[98]*Idem.*

exception pour l'adapter aux circonstances de l'espèce, soit dans le sens de la rétroactivité, plus au moins étendue, soit dans le sens d'une limitation de celle-ci, voire d'une limitation des effets de la censure pro futuro »[99].

Le caractère particulièrement adapté de la modulation présente une typologie de différentes possibilités qui s'ouvre au juge sur échelle allant de la rétroactivité (totale) à l'abrogation (simple) dans le temps de leurs décisions ou le temps des effets des décisions de censure. Ainsi, on peut envisager une rétroactivité totale qui se substitue à une rétroactivité limitée. Le juge constitutionnel fait produire les effets rétroactifs à la censure, toutefois la rétroactivité ne remonte pas jusqu'à la date d'entrée en vigueur de l'acte censure.

Cette rétroactivité limitée peut intervenir soit à une date particulière fixée par le juge (rétroactivité à une date donnée), soit à toutes les situations dont les effets ne sont pas achevés (effet immédiat général, soit encore au procès ayant été à l'origine de la décision de censure (rétroactivité procédurale ou prime au requérant) dans le cadre d'une question procédurale ou à tous les procès en cours (effet immédiat limité aux procès en cours).

Tous les trois cas relèvent de la modulation. Dans le premier cas de l'effet immédiat général, s'il y a nullité avec effet de rétroactivité totale, la règlementation censurée ne peut servir de norme d'application. Et, s'il y a abrogation, après la décision de censure, toute situation fondée sur la loi abrogée, peut-être d'application si elle est antérieure à la censure.

Le second cas de « l'effet immédiat limité aux procès en cours peut être réduit à des situations contentieuses, pour tous les procès en cours, au moment de la censure. L'effet immédiat limité aux procès ayant généré la question préjudicielle, il s'impose comme correctif à l'effet abrogatif et se présente comme une prime au requérant, même si le procès principal est né d'une situation antérieure à la censure »[100].

Aussi, peut-il être conclu que la pratique de la justice constitutionnelle dans un espace démocratique et républicain condamne toutes les institutions à une franche collaboration entre elles. Puisque les arrêts de la Cour constitutionnelle s'appliquent et s'exécutent d'office comme les autres décisions des hautes institutions de la République.

Les arrêts sont d'application et d'exécution obligation autant que les lois et les édits, les ordonnances présidentielles, les décrets du Premier ministre, les arrêtés ministériels, les actes réglementaires des administrations publiques qui n'ont d'autres procédures d'application ou d'exécution que la validation juridique de leurs actes.

---

[99]*Ibidem*

[100]*Xavier Magnon, Op. cit., pp.6-7*

C'est donc un manquement à la Constitution que de ne pas appliquer un arrêt d'inconstitutionnalité et d'anticonstitutionnalité de la Cour constitutionnelle par les autres institutions de la République.

Il devrait être retenu qu'empêcher le fonctionnement de la justice constitutionnelle par la non-exécution des arrêts de la Cour constitutionnelle est une faute politique par rapport aux exigences de la démocratie dans un État de droit et un délit judiciaire par rapport au droit dans tous les Pays de l'univers démocratique.

Conclusion

La conclusion la plus significative serait celle qui répondrait aux questionnements posés sur chacune des procédures engagées devant la Cour constitutionnelle. Mais, il serait très prétentieux que de vouloir poser des questions et d'y bien répondre même si il y a eu un temps suffisant de réflexion.

Cependant, la conclusion la plus pratique est celle qui recentrerait la problématique de la présente étude autour du rapport entre le sujet subjectif et l'objet substantiel dans les litiges constitutionnels.

Au premier chapitre relatif aux litiges constitutionnels dans la procédure de saisine devant la Cour constitutionnelle, il a été relevé trois sources : notamment, la coutume, la philosophie morale et l'épistémologie qui soutiennent la thèse de la primauté du droit subjectif sur le droit substantiel.

Ainsi, dans le traitement du fond des contentieux constitutionnels soumis à la Cour constitutionnelle, les arguments justifiant l'irrecevabilité irréfragable et irréparable pour défaut de qualité et d'intérêt méritent d'être approfondis, afin de ne pas faire dépérir une si Haute institution utile à la démocratie congolaise.

Il en est de même de l'usage courant de l'incompétence insistante dans les arrêts de la Cour sur des matières pourtant liées à la protection des libertés et des droits fondamentaux de citoyens.

Au deuxième chapitre ayant fait l'objet de la présente étude, il a été examiné la procédure du contrôle de constitutionnalité en action ou en exception, ainsi que celle de la non-conformité des actes de pouvoirs publics à la Constitution et celle relative à l'interprétation des dispositions constitutionnelles. Il ressort clairement de l'analyse des requêtes et des arrêts de la Cour et il peut être dit en toute objectivité, qu'il y a un problème de compréhensivité remarquable entre la Cour et les justiciables ou les citoyens au sujet de dispositions constitutionnelles relatives aux compétences de celle-ci.

Les attentes de citoyens sur cette Cour sont telles qu'il est nécessaire de rétablir très vite cette compréhensivité, aussi bien entre la Cour et les citoyens qu'entre la Cour et les autres institutions de la République. Comme la crédibilité politique de la Cour et son autorité morale au sein de l'État et de la société dépendent de l'appréciation que les citoyens et les Institutions, ainsi que les autres acteurs de l'État et de la société se font d'elle, elle y est tenue de jouer son principal rôle de protection des libertés et des droits fondamentaux garantis par la Constitution. Et cela mérite de sa part plus d'inspiration et de courage politique face à toute pression politique ou tout populisme social.

La Cour constitutionnelle devra développer davantage sa capacité de coopération avec les autres institutions de la République et de développer des mécanismes qui rassurent les citoyens, grâce à l'effectivité de son vrai rôle de gardienne de la Constitution et des droits civiques et politiques des citoyens.

Au troisième chapitre relatif à l'examen des contentieux électoraux, il a été relevé la nécessité de renforcer le pouvoir d'instruction sur le déroulement du scrutin et de la rigueur pour l'examen des dossiers liés aux recours, afin de prendre des décisions les moins controversées autant que possible lors de la proclamation des résultats électoraux.

De toutes ces exigences pour le bon déroulement du scrutin dépend l'affermissement de la démocratie congolaise, aussi bien par l'assainissement des mandats électoraux à l'issue des élections justes et transparentes, que par l'avènement des alternances politiques paisibles.

De l'avis des observateurs et de nombreux scientifiques congolais et étrangers, la Cour constitutionnelle est appelée à une mise à niveau pour affronter les contentieux électoraux aux prochaines échéances électorales. Il est du bon souhait de tous les citoyens, qu'en dépit de situations de précarité de tous ordres, la Cour devra donner l'assurance d'une démocratie avec de vrais élus du peuple.

La procédure pour intervention volontaire, pour la tierce opposition et pour le désistement a fait l'objet d'un quatrième chapitre. Malgré le fait qu'il ait trop peu de requêtes ayant trait à ce type du contentieux constitutionnel et que la tendance reste encore de faible prise contrairement aux contentieux de droit privé, l'intervention volontaire, la tierce opposition et le désistement sont des matières très délicates. Puisqu'elles trouvent leur fondement juridique soit sur la volonté à l'intervention du tiers au procès, soit sur le libre consentement du demandeur pour le retrait du procès avec l'acquiescement du défendeur impliquant la soumission du juge à la volonté des parties.

En ce qui concerne le cinquième chapitre consacré à la procédure relative à la déclaration du patrimoine familial des assujettis à l'article 99 de la Constitution, les quelques requêtes reçues de membres de gouvernements ont permis à la Cour de préciser le moment de leur entrée en fonction et de la fin de leurs fonctions.

A ce sujet précis, la Cour devra mieux prendre position pour décider si les ministres retenus dans un nouveau Gouvernement aux mêmes postes ou permutés à d'autres postes à la suite d'une nouvelle ordonnance présidentielle de nomination étaient tenus à l'obligation d'une nouvelle déclaration du patrimoine familial.

Ici, la notion de « fin mandat et d'entrée en fonction » mérite plus d'éclaircissement de la part du juge constitutionnel pour ne pas exonérer certains membres du gouvernement de leurs obligations constitutionnelles par rapport à la déclaration du patrimoine familial.

La Cour devrait examiner avec rigueur les dossiers du patrimoine familial des assujettis et faire respecter les délais légaux lors de leur dépôt conformément à l'article 99 de la Constitution, mais devrait aussi insister sur l'obligation à se conformer aux règles de procédure lors des audiences en cette matière.

Enfin, pour les deux derniers chapitres sur la procédure de prise de décisions à la Cour et sur la procédure d'exécution des arrêts de la Cour constitutionnelle, il est relevé pour la première procédure que les exigences d'indépendance, du mode de votation et du quorum requis déterminent la validité des décisions.

Au sujet de la procédure d'exécution des arrêts, la Cour ne devrait pas attendre que le Parquet général s'en occupe, puisque la pure théorie de droit, dans la publication remarquable de Kelsen donne la nette signification de la nullité d'un acte déclaré inconstitutionnel par la Cour inconstitutionnelle.

Cet acte incriminé et déclaré inconstitutionnel par la Cour constitutionnelle sort de l'ordonnancement juridique du pays, puisqu'il est nul et de nuls effets. Et aussi bien les autres institutions de la République que les particuliers sont tenus de le considérer comme tel. Il en est de même des lois, des édits, des ordonnances présidentielles, après qu'ils aient été notifiés aux personnes concernées et aux autorités indiquées par la loi et après leur publication au Journal officiel.

À ce sujet, la Cour constitutionnelle devrait également faire avancer sa légitimité démocratique, sa crédibilité politique et la validité de son expertise juridique aux yeux de nombreux citoyens qui attendent une meilleure justice constitutionnelle en République Démocratique du Congo.

En conclusion, la Cour constitutionnelle doit prendre la mesure du cumul des litiges constitutionnels depuis l'indépendance de la République Démocratique du Congo en passant par les premières tentatives de libéralisation politique des années 90 jusqu'aujourd'hui.

En faisant du juridisme rigoureux et de la pure expertise classique ou de la complaisance, aucun problème de fond ne sera résolu et il pèsera toujours dans la société les risques de violence réfractaire, réactionnaire ou révolutionnaire. Et, dans un cas comme dans d'autres, l'institutionnalisation d'une Cour ayant la principale mission de protéger les libertés et les droits fondamentaux garantis par la Constitution n'aura pas été d'une grande utilité pour la sauvegarde de la démocratie et de la stabilité politique.

Il appartient à la Cour constitutionnelle, appuyée par toutes les Institutions républicaines, de faire respecter la Constitution pour qu'il y ait un véritable État de droit fondé sur des valeurs démocratiques et républicaines.

Chapitre 9

Les arrêts de revirement rendus par la Cour Constituionnelle

Le revirement de jurisprudence est défini comme « l'abandon par les tribunaux eux-mêmes d'une solution qu'ils avaient jusqu'alors admise ; adoption d'une solution contraire à celle qu'ils consacraient ; renversement de tendance dans la manière de juger »[101].

Section I : Arrêt malheureux de revirement de la Cour constitutionnelle sur la conformité à la constitution du règlement intérieur du congrès

I.1. Avant la mise en place de la Cour constitutionnelle instituée par la Constitution du 18 février 2006 « par la nomination en juillet 2014 de neuf juges constitutionnels »[102], la Cour Suprême de Justice créée en 1982 comprenait en son sein une section de législation faisant office de Cour constitutionnelle, « mais délibérant en trois sections réunies »[103].

---

[101] Gérard CORNU, *Vocabulaire juridique*, PUF, 9e éd., août 2011, p. 531

[102] **Félx Vunduawe Te Pemako**, député national et professeur de droit à l'Université de Kinshasa, Vice-Premier ministre et ministre honoraire de l'Administration du territoire sous Mobutu et Directeur de cabinet à la Présidence de la République ; **Eugène Banyaku Luape Epotu**, professeur au Département des Relations Internationales à l'Université de Kinshas et Coordonnateur National Adjoint de la Conférence Internationale sur la sécurité, la stabilité et le Développement dans la Région des Grands Lacs. Ancien Conseiller à la Présidence de la République au Conseil National de Sécurité et Ministre honoraire et Vice-Ministre 1993-1994 sous Mobutu et Vice-ministre des Hydrocarburesn 1997-1998 sous Laurent Désiré Kabila ; **Jean-Louis Esambo**, Professeur de l'Université de Kinshas et Directeur de cabinet adjoint au ministère de l'Intérieur ; **Emmanuel-Janvier Luzolo Bambi Lessa** , professeur de droit , ancien Conseiller à la Présidence et Ministre Honoraire de Justice. Remplacé par Jen Pierre Mavungu Mvundi di Ngoma, Professeur de droit à l'université de Kinshsa et Ambassadeur honoraire ; Benoît **Luamba Bindu,** ancien Président de la Cour suprême de justice ; **Prince Funga Molima,** Yvon **Kalonda Kele** Oma et Noël **Kilomba Ngozi** anciens Hauts magistrats à la Cour Suprême de Justice ; **Corneille Wasenda** N'songo, Avocat près la Cour Suprême de justice.

[103] Ordonnance-loi n° 82-017 du 31 mars 1982 relative à la procédure devant la Cour Suprême de Justice a institué trois sections. Il s'agit de la section judiciaire, de la section administrative et de la section de la législation. Cette dernière traite du conflit d'attribution entre juridictions, du recours en appréciation de la constitutionnalité des Lois et des actes ayant force de loi, ainsi que du recours en interprétation de la Constitution et du contentieux électoral.

C'est à ce titre que nombreux arrêts de la Cour Suprême de Justice sur les matières constitutionnelles furent rendus, dont l'un des plus remarquables est celui ayant fait l'objet d'une requête en appréciation de la conformité à la Constitution du Règlement Intérieur du Congrès.

Cette requête fut introduite par Messieurs Kengo wa Dondo et Vital Kamerhe respectivement Président du Sénat et Président de l'Assemblée Nationale le 14 novembre 2007 en appréciation de la conformité à la Constitution du Règlement Intérieur du Congrès réunissant le Sénat et l'Assemblée Nationale du Parlement congolais.

Le contexte politique est marqué par ce que certains acteurs qualifiaient d'une pure perfidie politique du fait du refus du Président de la République Joseph Kabila à nommer à la primature son ancien Directeur de campagne, Monsieur Vital Kamerhe et son principal allié aux provinces de l'Ouest du Congo, Monsieur Kengo wa Dondo confronté à l'agressivité du principal protagoniste à l'élection présidentielle, Monsieur Jean Pierre Bemba. Les deux personnalités politiques s'estimaient gravement lésées et se liguaient pour gêner le mandat du Président Joseph Kabila, victorieux de pénibles élections de 2006.

Ils s'estimaient en droit de revanche pour se donner les moyens de déstabiliser le nouveau régime et de mettre en accusation le Président Joseph Kabila ou au besois de l'empêcher à prendre prétexte pour user d'un coup de force en décrétant l'Etat de siège ou d'urgence dans les provinces de l'Est en pleine ébullition, à cause de nombreux groupes armés.

Il s'agit particulièrement de groupes armés des ADF au Nord Kivu et en Ituri avec l' l'Union des Patriotes Congolais (UPC) « des Hema » et septentrionaux (Gere)" »[104], ainsi que le Parti pour l'Unité et la Sauvegarde de l'Intégrité du Congo (PUSIC) des Hema méridionaux opposés au « Front des Nationalistes Intégristes (FNI) des Lendu »[105] et le Front des Nationalistes Intégristes des Lendu, ainsi que d'autres groupes armés sans base ethnique comme les Forces armées du peuple congolais et l'Armée du peuple congolais (APC).

Les deux Présidents du Sénat et de l'Assemblée nationale se trouvèrent les moyens institutionnels pour introduire ensemble une requête devant la Cour Suprême de Justice en vue de faire prévaloir les deux Chambres réunies

---

[104] D'origine nilotique, les Hema sont de la culture pastorale (éleveurs) réputés nomades et itinérants pour déplacer les troupeaux suivant les saisons en vue de laisser à la végétation le temps de repousser et en allant chercher ailleurs l'herbe nécessaire à la nourriture des animaux.et ceux qui pratiquent le pâturage tournant ou rotatif qui consite à diviser les prairies en différentes parcelles de plus petites tailles et à mettre en place un temps de rotation entre chaque parcelle.
[105] D'origine bantoue, les Lendu sont des agriculteurs qui vivaient dans un système de chefferies peu formalisé jusqu'au début du XXe siècle.

en Congrès le pouvoir de mettre en accusation le Président de la République Joseph Kabila ou de gêner l'exercice de son mandat.

L'arrêt R.Cont 061/TSR du 30 novembre2007 de la Cour Suprême de Justice rendu, après examen dudit Règlement intérieur, a décidé que sur 51 articles qu'il contient, huit ne sont pas conformes à la Constitution, à savoir les articles 3.3, 6.7, 17, 38, 40, 41, 42 et 43.

S'agissant de l'article 3.3 et 6.7 en rapport avec la proclamation de l'état d'urgence, la Cour relève que cette disposition résulte de la combinaison des articles 114, 119, 120, 159 et 166 de la Constitution. Bien que conforme à l'article 119.2 de la Constitution, le point 3 de cet article sous examen s'écarte de l'article 85 de la Constitution qui n'exige pas l'autorisation du Congrès pour la proclamation de l'état d'urgence ou de l'état de siège, lesquels sont proclamés par le Président de la République après concertation avec le Premier Ministre et les Présidents des deux chambres.

Ainsi, pour avoir assujetti la proclamation de l'état d'urgence ou de l'état de siège à l'autorisation du Congrès, le point 3 de l'article 3 du Règlement Intérieur n'est pas conforme à l'article 85 de la Constitution.

Concernant l'article 17, le Congrès ne siège valablement, suivant cette disposition, qu'à la majorité absolue des membres qui composent chacune de deux chambres. Cette formulation n'est ni heureuse, ni conforme à l'article 121 de la Constitution. Celle-ci fait du Congrès un tout distinct et non un assemblage de deux chambres parlementaires.

Et c'est pourquoi l'article 121 dispose que le Congrès, à l'instar de chacune des chambres parlementaires, ne siège valablement que pour autant que la majorité absolue de ses membres se trouve réunis.

Quant aux articles 38 et 40, la Cour constate qu'ils sont contraires à la Constitution puisqu'ils reconnaissent à la moite des membres de chacune de deux chambres du Parlement l'initiative de saisir le Congrès aux fins de mise en accusation du Président de la République et du Premier Ministre.

En effet, selon le texte repris dans le Règlement intérieur, il est sous-entendu qu'au niveau du seul Parlement, on peut décider à partir de l'initiative des parlementaires, de mettre en accusation ces hautes autorités sans référence au pouvoir judiciaire violant ainsi non seulement l'article 149 de la Constitution qui instaure la séparation des pouvoirs d'une part, mais aussi d'autre part, l'article 150 de la même Constitution qui fait du pouvoir judiciaire le garant des libertés individuelles et des droits fondamentaux.

Selon l'Arrêt 061/TSR, cette disposition dudit Règlement viole en outre l'article 165 de la Constitution en ce qu'elle instaure la procédure de mise en accusation qui est une procédure judiciaire et partant du domaine de la loi.

La Cour Suprême de Justice a considéré les articles 41, 42 et 43 comme étant la conséquence de l'initiative de la moitié des membres de chacune de deux chambres du parlement réunies en congrès leur donnant pouvoir de décider des poursuites judiciaires, ainsi que de la mise en accusation du Président de la République et du Premier Ministre. Ce qui rend les trois articles non conformes à la Constitution.

Le revirement de la Cour constitutionnelle par rapport à cet arrêt de la Cour Suprême de Justice intervient en décembre 2019 dans un contexte politique marqué par la conspiration de Présidents de deux Chambres du Parlement disposant d'une majorité fort confortable dans chacune d'elles pour déstabiliser particulièrement l'Institution Président de la République.

En effet, la relance de l'activité de groupes armés à l'Est met le Président de la République dans une position de grande fragilité pendant qu'il ne bénéficie que d'une alliance fragile avec le Front Commun du Congo Regroupement politique majoritaire au Parlement et au Gouvernement.

Mais également les prises de position du Président en fonction lors de rencontres politiques avec son prédécesseur devenaient insupportables pour ce dernier qui se montrait de de plus en plus exigeant quant à redevabilité vis-à-vis de la majorité et surtout en qui concerne la répartition des postes de responsabilité au sein du Gouvernement et dans les entreprises publiques.

L'insécurité au Nord Kivu et en Ituri devient comme un sujet de chantage, duquel le Président de la République cherche à s'en défaire et trouver une marge de manoeuvre pour exercer plus librement ses fonctions.

L'épreuve s'engage d'abord par des menaces de destitution proférées parfois irrespectueusement par les Présidents de deux Chambres et ensuite par des attitudes d'insubordination manifeste dosée d'arrogance voire même de provocations sublimes.

C'est dans ces circonstances marquées par la volonté de déstabiliser le Président de la République, que les deux Présidents du Parlement présenteront, en toute clandestinité, une requête en appréciation de la conformité à la Constitution du même Règlement intérieur du Congrès à « la Cour Constutionnelle »[106] jadis rejetée par la Cour Suprême de Justice en 2007.

[106] La nouvelle composition de la Cour constitutionnelle entièrement acquise à l'ancien régime, après la démission de trois Juges notamment Banyaku Luape Epotu, Esambo Kangashe et Vunduawe te Pemako, considérés comme réticents aux injonctions de l'ancien pouvoir. En effet, quatre Juges ont refusé de cautionner l'arrêt portant report des élections présidentielles et législatives à la suite d'une requête irrégulièrement introduite par le Président de la CENI, qui n'en avait pas compétence. Cet arrêt est signé par cinq Juges, alors que loi n°13/026 du 15 octobre 2013 portant organisation et fonctionnement de la Cour constitutionnelle en exige au moins sept de neuf Juges.

L'astuce judiciaire consistait à occulter les dispositions jadis déclarées non conformes à la Constitution en reprenant la validation de tous les chapitres sans évacuer les articles 3.3, 6.7, 17, 38, 40, 41, 42 et 43 du Règlement intérieur du Congrès, tels que repris par l'arrêt de la Cour Suprême de Justice n°061/TSR

Le dispositif de cet ArrêtR. Const 1117 du 12 décembre 2019 est ainsi libellé : après examen article par article que le chapitre 1er du Règlement intérieur porte sur les dispositions générales et les articles 1 à 4 qui le composent n'ont rien de contraires à la Constitution.

Le chapitre 2 porte sur les organes du Congrès et est composé des articles 5 à 15 qui n'ont rien de contraires à la Constitution.

Le chapitre 3 a trait au fonctionnement du Congrès et est composé des articles 16 à 34 qui sont conformes à la Constitution.

Le chapitre 5 porte sur le régime disciplinaire et l'unique article 43 le composant est conforme à la Constitution.

Le chapitre 6 est relatif au maintien de l'ordre pendant le Congrès et l'article 44 le composant est conforme à la Constitution.

Le chapitre 7 a trait aux finances du Congrès et est composé des articles 45 à 47 qui sont conformes à la Constitution.

De ce qui précède, la Cour déclarera conforme à la Constitution, le Règlement Intérieur du Congrès.

Il transparait clairement que l'intention des requérants était celle de soumettre à l'autorisation préalable du Congrès avant de décréter l'état de siège au Nord Kivu et en Ituri et celle de permettre la mise en accusation du Président de la République par le Congrès, où le Front Commun du Congo détient la majorité au Parlement.

Cet arrêt de revirement passé pourtant inaperçu aux yeux du pouvoir en place était le grand piège tendu pour la déstabilisation du nouveau régime, mais l'inverse se produisit avec une telle rapidité que les deux Présidents furent renversés et une nouvelle majorité dénommée Union Sacrée pour la Nation prit naissance sans grande manœuvre politique.

Section II. : Arrêt heureux de revirement de la Cour Constitutionnelle sur le moment de la commission des faits infractionnels par le président de la République et le Premeir Ministre en fonction

II.1. Par son Arrêt RP 0001 du 15 novembre 2021, la Cour constitutionnelle, siégeant en matière répressive en premier et dernier resort a délibéré sur l'accusation du Ministère public contre Messieurs Matata Ponyo Mapon

Augustin, ancien Premier Ministre, Kitebi Kibol Mvul Patrice, ancien Ministre Délégué aux Finances et Grobler Christo, de nationalité sud-africaine, Administrateur Gérant de la Société Africom Commodities.

À charge des prévenus, le Ministère public a retenu les faits suivants :

- Avoir, étant auteurs ou co-auteurs, selon l'un des modes de participation criminelle prévu par l'article 21 du Code Pénal Livre 1er étant Fonctionnaire ou Officier Public, toute personne chargée I service public ou parastatal, toute personne représentant les intérêts de l'État ou d'une société étatique au sein d'une société privée, parastatale ou d'économie mixte en qualité d'Administrateur, Gérant, de commissaire aux comptes ou à tout autre titre, tout mandataire ou préposé des personnes énumérées ci-dessus, détourné des deniers publics ou privés, des effets en tenant lieu, des pièces, titres, actes, effets mobiliers qui étaient entre ses mains, soit en vertu, soit à raison de sa charge.
- Avoir, dans la même période, détourné par surfacturation la somme globale équivalente en Francs congolais de 204.903.042 USD (Dollars américains deux cent quatre millions neuf cent trois mille quarante-deux) qui était remise à la Société AFRICOM COMMODITIES pour la gestion du Parc Agro-Industriel de Bukanga Lonzo, projet mis en place par le Gouvernement de la République démocratique du Congo.
- Avoir, dans les mêmes circonstances de lieu et de temps que dessus, comme co-auteurs, par coopération directe, étant respectivement, Agents Publics de l'État, notamment Premier Ministre et Ministre Délégué auprès du. Premier Ministre en charge des Finances du Gouvernement de la République démocratique du Congo, pour les deux premiers cités et dirigeant de la Société AFRICOM COMMODITIES, pour le troisième cité, détourné la somme globale de_ 823.695.230 CDF (Francs congolais huit cent vingt-trois millions six cent nonante-cinq mille deux cent trente) équivalent à 890.702,80 USD (dollars américains huit cent nonante mille sept cent deux et quatre-vingts centimes) en payant indument les parts sociales de la Société AFRICOM.COMMODITIES dans la constitution des sociétés d'économie mixte PARCAGRI, SEPAGRI et MARIKIN, sociétés issues de la convention d'actionnaires entre l'État congolais et la société AFRICOM COMMODITIES, alors que cette dernière devait elle-même apporter ses parts sociales.

Faits prévus et punis par les articles 21 et 23 du Code Pénal Livre 1er, 145 du Code Pénal Livre II.

A cette même audience, la Cour constata qu'il fut versé dans le dossier une requête en intervention volontaire initiée en date du 09 septembre 2021 par la

République démocratique du Congo et reçue au greffe de la Cour de céans le 13 du même mois.

L'un des conseils de la République démocratique du Congo demanda à ce qu'il plaise à la Cour de condamner les prévenus â la réparation des préjudices causés â l'État.

La Cour donna ensuite la parole aux conseils des prévenus Matata et consorts pour leur réaction.

In limine litis, le prévenu Matata Ponyo Mapon Augustion par ses conseils a soulevé deux exceptions tirées respectivement de l'incompétence de la Cour et de l'irrecevabilité de l'action du Ministère Public.

- Il a développé en quatre branches celle de l'incompétence de la Cour.
- La première branche est tirée de la violation de l'article 163 de la Constitution qui dispose que « la Cour constitutionnelle est la juridiction pénale du Chef de l'État et du Premier ministre dans les cas et conditions prévus par la Constitution « . Il estime que n'étant ni Président de la République ni Premier ministre, mais bien un ancien Premier ministre, la Cour se doit de décliner sa compétence à l'égard de l'action publique engagée contre lui.
- La deuxième branche est tirée de la violation de l'article 164 de la Constitution ainsi libellé : « la Cour constitutionnelle est le juge pénal du Président de la République et du Premier ministre pour les infractions politiques de haute trahison, d'outrage au Parlement, d'atteinte à l'honneur ou à la probité ainsi que pour les délits d'initié
- La troisième branche est tirée des articles 1er et 7 de Loi n°18/021 du 23 juillet 2018 portant statut des anciens Présidents de la République élus et fixant les avantages accordes aux anciens chefs de corps constitués.
- Explicitant cette branche du moyen, il fait valoir que l'intervention du législateur en fixant le régime pénal des anciens Présidents de la République élus corrobore les termes de l'article 164 alinéa 1er de la Constitution en ce que le statut pénal qu'il fixe ne concerne que le Président de la République et le Premier ministre en fonction excluant les anciens Présidents de la République et les anciens Premiers ministres.
- La quatrième branche est tirée de son caractère d'ordre public. A l'étai de cette branche, il rappelle à la Cour que l'exception d'incompétence en matière répressive étant d'ordre public, celle-ci a l'obligation de la soulever d'office, sans qu'il soit besoin de statuer sur d'autres moyens.

De ce qui précède, il sollicite de la Cour de dire qu'elle est incompétente.

- En ce qui concerne l'exception d'irrecevabilité de l'action publique, il la développe en trois branches. La première branche est tirée de la violation des articles 166 alinéa 1er de la Constitution et 80 de la loi organique portant organisation et fonctionnement de la Cour en ce que le Ministère public l'a déféré devant la Cour constitutionnelle sans apporter la preuve du vote à la majorité de deux tiers des membres du Parlement composant le congrès ayant décidé des poursuites ainsi que de la mise en accusation.
- En sa deuxième branche, tirée de la violation des articles 101 à. 103 de la loi organique portant organisation et fonctionnement de la Cour constitutionnelle il invoque, d'une part le défaut dans le dossier d'une requête du Ministère public adressée aux Présidents du Sénat et de l'Assemblée nationale aux fins d'autorisation des poursuites et d'autre part l'absence de l'autorisation des poursuites ainsi que de la mise en accusation votée par le congrès.
- En sa troisième branche, il invoque la violation des articles 17 et 62 de la Constitution en ce qu'ils consacrent, d'une part, l'exigence de la légalité de la procédure en tant que l'un des aspects fondamentaux du procès équitable, d'autre part, la présomption de la connaissance de la loi.

Dès lors, il sollicite de la Cour, et ce à titre subsidiaire, de dire irrecevable la présente action.

S'agissant du prévenu Kibebi Kibol Mvul Patrice, il a également, par ses conseils, soulevé l'incompétence de la Cour ainsi que l'irrecevabilité de l'action du Ministère Public.

- Abordant l'exception d'incompétence, il a relevé, en sa première branche, qu'il n'est pas justiciable de la Cour constitutionnelle, de sorte qu'en le poursuivant devant celle-ci, il y a violation de l'article 19 de la Constitution qui lui garantit le droit à son juge naturel et duquel il est soustrait. A cet effet, ils prennent appui sur les dispositions des articles 72, 100 à 108 de la loi organique portant organisation et fonctionnement de la Cour constitutionnelle.

- Il a indiqué en sa seconde branche que le moyen de l'incompétence personnelle de la Cour constitutionnelle demeure toujours fondé même dans l'hypothèse où l'on invoquerait le mécanisme de prorogation de compétence, dès lors que le prévenu Matata PonyoMapon Augustin a cessé d'exercer les fonctions de Premier ministre.

Le prévenu Grobler Christo a soulevé quant lui, outre les exceptions de l'incompétence de la Cour et de l'irrecevabilité de la présente action, celle de la surséance à statuer,

- Explicitant l'exception d'incompétence, il la fonde en sa première branche sur la nature juridique et la validité des contrats signés entre la société AFRICOM COMMODITIES et l'État congolais.
- Il a invoqué en sa seconde branche, le fait que les différends relatifs aux investissements échappent à la compétence de la Cour.
- Abordant la fin de non-recevoir en trois branches, il invoque, d'abord, le défaut de l'autorisation des poursuites et la mise en accusation préalable à la mise en mouvement de l'action publique pour ce qui est du prévenu MATATA PONYO MAPON Augustin, Ensuite, il relève le défaut d'instruction pré juridictionnelle à sa charge, le Ministère public ayant fixé le dossier sans l'avoir identifié ni entendu. Enfin, il invoque la nature juridique du contrat duquel est né le présent litige qui ne saurait être d'ordre pénal, dès lors qu'il est dévolu aux instances arbitrales, concluant à la surséance dans la présente instance motif pris de la saisine des instances arbitrales internationales.

Dans son réquisitoire, le Ministère public a, quant à lui, affirmé la compétence de la Cour, estimant que les infractions ont été commises au moment où Monsieur Matata Ponyo Mapon Augustin était Premier ministre, et pour les autres, c'est par corréité au moment de la commission des faits qu'ils se retrouvent aussi devant la Cour constitutionnelle du fait de la prorogation de compétence.

La Cour constitutionnelle a ensuite délibéré sans qu'il soit nécessaire d'examiner tous les moyens invoqués par les prévenus. Elle a statué uniquement sur celui de l'incompétence tiré de la violation des articles 163 et 164 de la Constitution du 18 février 2006, telle que révisée à ce jour.

- Examinant l'exception d'incompétence soulevée par les trois prévenus, la Cour relève que l'article 163 de la Constitution fait d'elle la juridiction pénale du Chef de l'État et du Premier ministre de sorte que sa compétence en matière pénale procède de la Constitution, sans préjudice des dispositions législatives qui lui confèrent d'autres chefs de compétence. En effet, aux termes de cet article : « la Cour constitutionnelle est la juridiction pénale du Chef de l'État et du Premier ministre dans les cas et conditions prévus par la Constitution ».
- L'article 164 quant à lui dispose : « la Cour constitutionnelle est le juge pénal du Président de la République et du Premier ministre pour les infractions politiques de haute trahison, d'outrage au Parlement, d'atteinte à l'honneur ou à la probité ainsi que pour les délits d'initié et

pour les autres infractions de droit commun commises dans l'exercice ou à l'occasion de l'exercice de leurs fonctions. Elle est également compétente pour juger leurs co-auteurs et complices ».

- Elle observe que l'article 164 de la Constitution reconnaît au Président de la République et au Premier ministre un privilège de juridiction tout simplement parce qu'il s'agit d'une question présentant un caractère politique trop accentué pour être examiné par une juridiction de l'ordre judiciaire. En plus, il est nécessaire que le Président de la République ou le Premier ministre soit à l'abri des poursuites, comme tout citoyen, qui empêcheraient l'exercice des pouvoirs que leur confère la Constitution.

- Elle note que, tout comme les députés et sénateurs bénéficient du privilège et des immunités des poursuites et de l'inviolabilité, les poursuites contre le Chef de l'État se heurtent également aux contraintes procédurales difficiles à surmonter. Bien qu'ils ne bénéficient pas d'une immunité absolue, le Président de la République et le Premier ministre bénéficient d'un régime dérogatoire au droit commun pour toute infraction par eux commise.I1 suit de ce qui précède que le constituant vise la protection des fonctions du Président de la République et du Premier ministre en exercice, lesquelles sont attachées à leur mandat.

- La Cour opine par ailleurs que les immunités parlementaires ou l'irresponsabilité parlementaire est la protection des parlementaires contre les poursuites judiciaires pour tous les actes accomplis dans l'exercice de leurs fonctions. Cette irresponsabilité pénale et civile tend à assurer l'indépendance des parlementaires, mais ne les soustrait pas au pouvoir disciplinaire de leurs pairs.

- D'une part, par immunités il faut entendre l'institution de l'irresponsabilité seulement, l'inviolabilité n'étant qu'un ensemble des privilèges dans le mécanisme des poursuites. D'autre part, les immunités consistent dans les deux, l'irresponsabilité et l'inviolabilité, la première étant une immunité absolue et la deuxième une immunité de procédure.

- L'inviolabilité est aussi définie comme un privilège destiné à protéger les parlementaires contre les risques d'une poursuite intempestive et consiste dans l'aménagement d'une procédure particulière, dérogatoire au droit commun.

- La Cour relève que ces règles sont destinées à préserver le parlementaire dans l'exercice de ses fonctions. Il est donc évident que l'institution des immunités parlementaires a pour cause l'indépendance de l'exercice du mandat. Il ne s'agit pas de la protection exclusive d'un individu appelé « parlementaire ». Elle protège plutôt la fonction en raison de l'intérêt public, et la personne du parlementaire ne l'est qu'indirectement. La protection du parlementaire c'est la protection du souverain primaire. En d'autres termes, c'est du fait de la fonction que certaines personnes jouissent des immunités. Elles ont le droit de bénéficier d'une dérogation à la loi commune.

- La Cour considère que pendant la durée de ses fonctions, le Premier ministre ne peut voir sa responsabilité pénale engagée que devant la Cour constitutionnelle ; pour tous ses actes, y compris ceux accomplis en dehors de ses fonctions, il bénéficie d'un privilège de juridiction le mettant largement à l'abri puisque les particuliers ne peuvent saisir celle-ci.

- Ce privilège de juridiction prend cependant fin avec les fonctions de Premier ministre, lequel redevient à la fin de son mandat justiciable des tribunaux ordinaires.

- Elle précise que l'exigence du principe de la légalité concerne aussi la procédure, ce qui revient à dire que ce principe exige que la Procédure pénale à appliquer comme un justiciable devant les juridictions doit être celle expressément prévue par les textes constitutionnels et législatifs en vigueur.

- De même, il n'y a pas de juge ou de juridiction sans la loi, ce qui veut dire qu'une personne ne peut être poursuivie que devant une juridiction préalablement connue dans un texte de loi. Il s'agit là d'un principe constitutionnellement garanti par l'article 17 alinéa 2 de la Constitution.

- En l'espèce, la Cour constate qu'il ressort des éléments du dossier que le prévenu Matata Ponyo Mapon Augustin a été Premier ministre de 2012 à 2016 ; qu'à ce jour, il n'exerce plus lesdites fonctions.

- Elle relève que la compétence juridictionnelle étant d'attribution, le prévenu Matata Ponyo Mapon Augustin, qui a cessé d'être Premier ministre en fonction au moment où les poursuites contre lui sont engagées, doit être poursuivi devant son juge naturel, de sorte que, autrement, il serait soustrait du juge que la Constitution et les lois lui assignent, et ce en violation de l'article 19 alinéa 1 de la Constitution.

- De ce fait, le prévenu Matata Ponyo Mapon Augustin ne saurait être poursuivi devant elle sur base de l'article 163 de la Constitution.

- Elle rappelle que la théorie de l'interprétation du droit pénal est marquée par le caractère strict de l'interprétation, et est basée sur le principe de la légalité des délits et des peines. De même la procédure pénale est caractérisée par le principe selon lequel la loi doit être prévisible et accessible. Une décision judiciaire condamnant un prévenu au mépris de ce principe ne peut être régulière.

De ce qui précède, la Cour dira fondée l'exception d'incompétence tirée de la violation des articles 163 et 164 de la Constitution, et se déclarera incompétente à connaître de l'action pénale initiée contre le prévenu Matata Ponyo Mapon Augustin, Kitebi Kibol Mvul Patrice et Grobler Christo poursuivis en corréité avec le précité en prorogation de compétence.

II.2. Pour faire réparation utile, la Cour constitutionnelle fit un revirement de jugement précédent en prenant l'Arrêt enregistré sous R.Const.1816 en exception d'inconstitutionnalité et questions de constitutionnalité soulevées d'office par la Cour de Cassation dans la procédure sous RP 09/CR,

En conséquence, se fondant sur les dispositions des articles 80 de la Loi organique n°13/010 du 19 février 2013 relative à sa procédure et 108 de la Loi organique - n°13/026 du 15 octobre 2013 portant organisation et fonctionnement de la Cour constitutionnelle, la Cour de cassation, par un arrêt avant dire droit, sollicite de la Cour constitutionnelle de lui déterminer la portée exacte de l'expression « les infractions de droit commun commises dans l'exercice ou à l'occasion de l'exercice de leurs fonctions » contenues dans l'article 164 de la Constitution, en ce que le prévenu Matata Ponyo Mapon Augustin est poursuivi devant elle pour des actes posés dans la période où il exerçait les fonctions de Premier ministre.

Sous cet entendement, l'accès à la justice permet de revendiquer la concrétisation même des droits et des libertés appartenant aux justiciables. Ainsi, le droit à la justice est renforcé, dans le système congolais, par le principe de l'État de droit consacré par l'article 1er de la Constitution du 18 février 2006 dont il est la clef de voûte. Il est devenu un instrument fondamental en matière de protection des droits de l'homme.

Le droit au juge est fondé sur la Constitution, texte de droit positif le plus élevé dans la hiérarchie des normes dans l'ordre juridique congolais. C'est ce qu'affirment les dispositions des articles 17 et 19alinéas 1er et 2 de la Constitution.

Dans le cas d'espèce, Monsieur Matata Ponyo Mapon Augustin doit connaître son juge naturel, donc le juge légal et compétent pour le juger, avoir accès à ce juge et être fixé sur son sort dans le meilleur délai, dans l'affaire pour laquelle il est poursuivi par le Ministère Public. Cette situation de flottement dans la détermination de son juge naturel qui perdure, met en mal sa pleine liberté de mouvement, même s'il n'est pas en état de détention.

Par ailleurs, pour la Cour, face à une difficulté de compréhension d'une disposition constitutionnelle, en droit congolais, seule la Cour constitutionnelle a compétence de déterminer l'exacte signification et la véritable portée de ladite disposition lors d'un contrôle de constitutionnalité d'un acte législatif ou réglementaire ou lorsqu'elle exerce sa compétence d'interpréter la Constitution sur base de l'article 161 alinéa 1er oie cette dernière.

En conséquence, la validité de la décision ayant dégagé le sens d'une disposition constitutionnelle ne peut résulter que de la compétence juridique de l'autorité qui la prend, en l'occurrence la Cour constitutionnelle.

A ce propos, relève la Cour, elle est fondée de donner le sens d'une disposition de la Constitution par l'interprétation qu'elle en fait, bien que cela ne soit réservé qu'à la demande de certaines autorités nommément désignées par la Constitution, au nombre desquelles les juridictions de jugement ne sont pas reprises.

Cependant, poursuit-elle, la question posée à la Cour étant de nature à faire bénéficier à une personne ses droits constitutionnellement garantis, en occurrence le droit à un juge compétent et celui tendant à ce que sa cause soit entendue dans le délai raisonnable par un juge, nécessite clarification, car, en l'espèce, la situation confuse dans laquelle se trouve le prévenu Matata Ponyo Mapon Augustin est en contradiction avec ses droits sus mentionnés, consacrés à l'article 19 alinéas 1er et 2 de la Constitution.

En effet, en matière de protection des droits de l'homme, la Constitution doit être interprétée de façon extensive, en mettant en exergue la théorie de la primauté des droits de la personne, comme cela est relevé par la tendance actuelle de la jurisprudence constitutionnelle.

Elle fait donc observer que cette tendance généralisée est également adoptée par la Cour constitutionnelle de la République Démocratique Congo qui, à plusieurs reprises, a fait prévaloir l'interprétation extensive de la Constitution dans ses arrêts/principalement dans le but de promouvoir et de garantir les droits fondamentaux.

Dans ses différentes décisions, la Cour tend à exercer son contrôle sur les actes pour lesquels la Constitution et la loi organique qui l'organise ne lui attribuent pas expressément la compétence de contrôler, dès lors que ces actes portent atteinte aux droits auxquels la Constitution accorde une protection particulière et aussi lorsqu'ils contreviennent aux principes à valeurs constitutionnelles et qu'il n'existe aucun autre juge pour mettre un terme à ces atteintes.

C'est notamment le cas des actes d'assemblée, précisément les motions de censure et ou de défiance, la déchéance des membres des bureaux des assemblées délibérantes et tout récemment les décisions juridictionnelles.

Se fondant sur les dispositions constitutionnelles relatives à la protection des droits fondamentaux cristallisés dans ses précédentes décisions, la Cour constitutionnelle, dans l'idéal de l'État de droit découlant de l'article 1er de la

Constitution et du fait que l'article 150 alinéa 1er attribue au pouvoir judiciaire, dont elle fait partie, la charge de garantir la protection des droits fondamentaux constitutionnellement consacrés.

Au regard du caractère sacré des droits fondamentaux, la Cour est donc de veiller au respect des principes et objectifs à valeur constitutionnelle touchant aux droits de l'homme, à chaque fois qu'ils sont mis en cause.

Car, le rôle social dévolu à la Cour est considérable et ne se limite pas à trancher exclusivement le contentieux relatif à l'inconstitutionnalité des normes de type législatif ou réglementaire, niais de veiller, au nom de son pouvoir intrinsèque de gardienne des principes et objectifs à valeur constitutionnelle, même à l'absence d'une invocation de la violation de la part de la personne susceptible d'en être victime, à la sauvegarde des valeurs protégées par la Constitution, tels les droits et libertés fondamentalisés et constitutionnalisés.

La justice constitutionnelle est aujourd'hui créative et dynamique, car reposant notamment sur la jurisprudence en énonçant de nouveaux horizons. File tend, pour ainsi dire, à la constitutionnalisation de tous les phénomènes du droit, ce qui lui permet notamment d'intervenir, au-delà de la procédure relative à sa saisine et à sa compétence d'attribution, à chaque fois que des principes à valeurs constitutionnelles sont mis en péril, car ils priment sur toute autre considération.

Pour la Cour, sur base de ce postulat, elle est donc fondée à examiner la question du juge naturel d'un ancien Premier ministre à défaut duquel ce dernier serait privé de son droit constitutionnel à un juge compétent pour statuer sur les faits infractionnels qu'il aurait commis à l'exercice ou à l'occasion de l'exercice de ses anciennes fonctions.

La Cour constitutionnelle se déclarera également compétente pour donner le sens exact de l'article 164 de la Constitution afin de déterminer la compréhension des expressions « les infractions commises dans l'exercice ou à l'occasion de l'exercice de ses fonctions » reprises à l'article 164 de la Constitution.

Quant à la recevabilité, la Cour souligne qu'il ressort des dispositions des articles 162 alinéas 2 et 3 de la Constitution, 52 alinéa : 1er de la Loi organique n°13/026 du 15 octobre 2013 portant organisation et fonctionnement de la Cour constitutionnelle et 63 alinéa 3 du Règlement intérieur de celle-ci que la Cour est saisie par un arrêt ou jugement avant dire droit de la juridiction devant laquelle l'exception d'inconstitutionnalité est soulevée, accompagné des conclusions des parties des réquisitoires ou avis du Ministère public, ainsi que de la copie de la feuille d'audience.

Elle relève que la procédure applicable à la question préjudicielle de constitutionnalité est organisée par les textes susmentionnés et est conditionnée à la fois par la prétendue inconstitutionnalité de la loi ou du règlement et par l'existence d'une affaire pendante devant une instance judiciaire qui concerne celui qui veut en faire usage en l'invoquant

II s'agit là de deux conditions cumulatives à satisfaire, sans lesquelles il n'est pas possible d'invoquer cette exception.

Dans le cas d'espèce, la Cour constitutionnelle a été saisie par un arrêt avant dire droit de la Cour de cassation, évoquant une question préjudicielle d'inconstitutionnalité, laquelle a sursis à statuer sur le mérite de la cause lui soumise.

Il sied de relever, comme il a été précisé ci-haut, aucune pièce de dossier ne démontre que cette exception d'inconstitutionnalité a été soulevée contre l'un des actes de la compétence de la Cour, ni par les parties au procès, ni par la Cour de cassation.

Dès lors la Cour déclarera l'exception irrecevable.

Cependant, la recevabilité de cette exception sera appréciée par rapport à la volonté exprimée par la Cour constitutionnelle qui s'est déclarée compétente afin de garantir à Monsieur Matata Ponyo Mapon Augustin, ancien Premier ministre, son droit au juge naturel et l'accès effectif audit juge tel que consacré par l'article 19 alinéas 1er et 2 de la Constitution.

Quant au fond de la cause, la Cour précise que la question principale est de déterminer le juge naturel d'un ancien Premier ministre pour des infractions commises dans l'exercice ou à l'occasion de l'exercice de ses fonctions, ce, à la lumière de l'article 164 de la Constitution.

Elle fait cependant observer que cette question a été réglée par elle siégeant comme juge pénal d'un ancien Premier ministre qui, dans son arrêt sous RP 0001 du 15 novembre 2021, avait décliné sa compétence à juger ce dernier étant donné que la Constitution ne lui reconnaît que la compétence de juger le Président de la République et le Premier ministre en fonction pour des infractions commises dans l'exercice ou à l'occasion de l'exercice de leurs fonctions.

La Cour de cassation aurait dû tout simplement en tirer les conséquences de droit. En la saisissant à nouveau, sur une autre de ses compétences cette fois-ci en l'occurrence comme juge de constitutionnalité. Ceci constitue un changement de circonstance fondamental qui pousse la Cour de revenir sur ce qu'elle avait décidé précédemment. Pour la Cour, siégeant dans le cas d'espèce en matière d'interprétation de la Constitution, elle détient une liberté, quitte à user des méthodes juridiques pour atteindre son but.

C'est dans cette logique de liberté interprétative, soutient-elle, qu'elle peut revenir sur ce qu'elle avait déjà arrêté pour prendre une position contraire à celle qu'elle avait déjà arrêté pour prendre une position contraire à celle qu'elle avait prise auparavant. Il s'agit d'un « revirement », qui est une possibilité d'autocorrection reconnue à tout juge, face à de nouveaux arguments ou à des conséquences inattendues de ses décisions, de les modifier, car son maintien serait de nature à pétrifier le système juridique et provoquer des injustices.

Elle note ainsi que, le revirement jurisprudentiel constitue un mécanisme rejetant le précédent obligatoire des décisions du juge, constitutionnel en particulier conformément à la logique des systèmes romano-germanique, évitant ainsi de le rendre prisonnier de sa propre jurisprudence.

Ainsi, elle peut très bien décider, de son propre chef, de dégager d'un même texte de référence à appliquer une interprétation opposée et incompatible à celle qu'elle avait retenue jusque-là, en se fondant notamment sur le changement des conditions factuelles, sur le fait que le précédent écarté interprétait mal un autre précédent ou sur la faiblesse du raisonnement initial.

De ce qui précède, elle est fondée de revirer sa jurisprudence qui, à ce jour, est de nature à provoquer des violations inacceptables des droits de la personne humaine, notamment la privation à une personne de son droit constitutionnel à être jugé par un juge compétent, conformément à l'article 19 alinéas 1er et 2 de la Constitution comme il en est du cas de Monsieur Matata Ponyo Mapon Augustin, mais aussi pour consolider les principes constitutionnels sur l'égalité de tous devant la loi et l'égale protection de tous par la loi.

La Cour note que l'article 164 de la Constitution dispose : « La Cour constitutionnelle est le juge pénal du Président de la République et du Premier ministre pour des infractions politiques de haute trahison, d'outrage au Parlement, d'atteinte à l'honneur ou à la probité ainsi que pour les délits d'initié et pour les autres infractions de droit commun commises dans l'exercice ou à l'occasion de l'exercice de leurs fonctions. Elle est également compétente pour juger leurs Co-auteurs et complices ».

Il s'agit là, d'un privilège de juridiction dont jouissent le Président de la République et le Premier ministre d'être jugés, pour les infractions à la loi pénale commises par eux, par une juridiction à laquelle Constitution attribue exceptionnellement compétence, en l'occurrence la Courconstitutionnelle.

Pour elle, les expressions « dans l'exercice de leurs fonctions » et « à l'occasion de l'exercice de leurs fonctions » ne désignent pas la même réalité. En effet, une infraction commise « dans l'exercice de leurs fonctions » suppose d'abord, qu'elle ait été commise par le Président de la République ou le Premier ministre en fonction. Ensuite, il faut que le Président de la République ou le Premier ministre ait été en train de procéder à l'un des actes de sa fonction, c'est-à-dire être dans une situation d'exercice des fonctions.

En revanche, une infraction commise « à l'occasion de l'exercice des fonctions » suppose qu'elle ait été perpétrée en dehors des fonctions, mais en raison des actes professionnels accomplis dans le cadre de la mission : si un lien avec les fonctions est bien exigé, il n'est pas direct.

Par ailleurs, une interprétation téléologique ou finaliste de l'article 164 renseigne clairement que, les infractions commises par un Président de la République ou le Premier ministre à l'occasion de l'exercice de ses fonctions, et qui rentrent dans les catégories énumérées, sont donc punissables, car elles ne sont pas couvertes par une immunité de fonction.

Ainsi, la Cour rappelle que le constituant situe le moment de la commission de ces faits, c'est-à-dire pendant que l'on exerce la fonction de Président de la République ou de Premier ministre, mais ne dit pas à quel moment les poursuites peuvent être exercées contre les titulaires de ces fonctions, pendant ou après l'exercice desdites fonctions.

Elle relève donc qu'une porte reste grandement ouverte pour poursuivre l'ancien Premier ministre pour des infractions commises dans l'exercice de ses fonctions, et seule la prescription de l'action publique et son décès peuvent juridiquement justifier l'impossibilité de toute poursuite contre lui, car ne jouissant pas d'une immunité absolue.

En précisant seulement le moment de la commission de ces infractions « dans l'exercice où à l'occasion de l'exercice de ses fonctions », sans indiquer à quelle période les poursuites peuvent être engagées ou initiées, le constituant a laissé expressément une porte grandement ouverte quant au choix du moment pour engager les poursuites, qui peuvent être initiées pendant que l'intéressé est encore en fonction ou après F exercice de la fonction.

La Cour soutient que la Constitution n'organise pas un régime de l'irresponsabilité du Premier ministre pour les faits cités à l'article 164, et repris par l'article 72 de la Loi organique n°13/026 du 15 octobre 2013 portant organisation et fonctionnement de la Cour Constitutionnelle, elle n'exonère pas non plus tout ancien Premier ministre pour ces mêmes faits pendant l'exercice de ses fonctions.

Pour elle, tout comme le Premier ministre en exercice, un ancien Premier ministre reste justiciable de la Cour constitutionnelle, selon la procédure prévue par la Constitution, la loi organique précitée et le règlement intérieur de la Cour constitutionnelle pour les faits prévus à l'article 164de la Constitution.

En procédant à l'interprétation des dispositions combinées de l'article 164 de la Constitution et de l'article 72 de la loi organique relative à la Cour constitutionnelle, il transparait qu'elles ne limitent pas les poursuites de l'ancien Premier ministre pendant l'exercice de cette fonction.

La Cour renchérit en relevant que dans le contexte congolais, faisant une interprétation systémique, l'interprétation donnée par le juge constitutionnel à une disposition constitutionnelle doit pouvoir s'insérer dans le système juridique et être replacée dans un contexte institutionnel large en prenant en considération d'autres articles du même texte ou même éventuellement d'autres règles de droit pour qu'ils s'éclairent les uns les autres, car ils forment un véritable ordonnancement des normes qui s'harmonisent aux principes reconnus dans ce système.

Elle note donc que dans le système congolais, la qualité, pour bénéficier du privilège de juridiction, s'apprécie aussi bien au moment de la commission de l'infraction que de celui des poursuites ou de la comparution du prévenu. En cela, le code de justice militaire est éloquent en disposant en son article 104 ce qui suit : « La compétence personnelle des juridictions militaires est déterminée par la qualité et le grade que porte le justiciable au moment de la commission des faits incriminés ou au moment de sa comparution ».

Cette tendance, est d'autant ancrée dans le système congolais que le juge judiciaire suprême, en l'occurrence la Cour Suprême de Justice a décidé que la compétence personnelle du juge s'apprécie au moment des poursuites, tel qu'il en est le cas de la cause sous RPA 121 du 23 décembre 1986.

Ainsi, renchérit la Cour, le privilège de juridiction est applicable au moment des faits et au moment des poursuites en ce que, la perte de qualité pour toute cause, n'empêche pas au bénéficiaire desdits privilèges de juridiction d'avoir droit à cela pour des infractions commises lorsqu'il était encore en fonction.

Considérant les immunités qui les protègent durant leurs mandats respectifs et au regard de leurs poids politiques par rapport aux organes qui sont censés les mettre en accusation notamment le Parlement et le Procureur général près la Cour constitutionnelle, le Président de la République et le Premier ministre sont susceptibles d'être poursuivis ou traduits devant la Cour constitutionnelle compétente pour les juger une fois que leurs mandats ont pris fin. Cela est constitutionnel.

D'ailleurs, il est aisé de pouvoir les poursuivre quand ils ne sont plus en fonction.

En conséquence, soutient-elle, pour les infractions prévues à l'article 164, le constituant a investi seule la Cour constitutionnelle, à l'exclusion de toute autre juridiction, de la compétence particulière, pour juger le Premier ministre pour les infractions commises dans l'exercice ou à l'occasion de l'exercice de ses fonctions y compris celles de droit commun parce qu'il s'agit des infractions spécifiques tant par leur nature que par des circonstances particulières de leur commission.

Par ailleurs, la qualité ou le statut de l'auteur de l'infraction, du prévenu ou de l'accusé, qui détermine le juge compétent prévu à l'article 19 de la Constitution auquel il a droit et qui est compétent pour le juger, est celui qui est le sien au moment de la commission de l'infraction.

Pour renforcer sa thèse, la Cour rappelle que c'est d'ailleurs dans ce contexte qu'elle est le juge naturel d'un ancien Premier ministre qui n'est plus en fonction au moment des poursuites conformément à l'article 99 alinéa 5 de la Constitution pour défaut de déclaration ou déclaration frauduleuse de son patrimoine ou encore en cas de soupçon d'enrichissement sans cause de son patrimoine à la fin de ses fonctions, alors que pour les autres membres du Gouvernement cette compétence relève de la Cour de cassation.

Dit que l'expression « dans l'exercice des fonctions », telle qu'envisagée à i'article 164 de la Constitution, signifie qu'il faut que le Président de la République ou le Premier ministre ait été en train de procéder à l'un des actes de sa fonction et doit être dans une situation d'exercice effectif des fonctions. Il peut donc être poursuivi pendant son mandat suivant la procédure dérogatoire au droit commun prévue dans la Constitution ;

Dit en outre que l'expression une infraction commise « à l'occasion oie l'exercice de leurs fonctions », telle qu'envisagée à l'article 164 de la Constitution, signifie que le Président de la République ou le premier ministre ait perpétré l'infraction en dehors des fonctions, mais en raison des actes professionnels accomplis dans la procédure dérogatoire au droit commun prévue dans la Constitution ;

Dit que la Cour constitutionnelle est seule compétente pour connaître des infractions commises par le Président de la République ou le Premier ministre dans l'exercice ou à l'occasion de l'exercice de leurs fonctions ;

Dit que la Cour constitutionnelle est le juge pénal d'un ancien Président de la République ou d'un Premier ministre qui n'est plus en fonction au moment des poursuites et ce, en parfaite harmonie avec l'esprit du constituant.

Conclusion générale

La conclusion la plus significative serait celle qui répondrait aux questionnements posés sur chacune des procédures engagées devant la Cour constitutionnelle. Mais il serait très prétentieux que de vouloir poser des questions et d'y bien répondre même s'il y a eu un temps suffisant de réflexion.

Cependant, la conclusion la plus pratique est celle qui recentrerait la problématique de la présente étude autour du rapport entre le sujet subjectif et l'objet substantiel dans les litiges constitutionnels.

Au premier chapitre relatif aux litiges constitutionnels dans la procédure de saisine devant la Cour constitutionnelle, il a été relevé trois sources : notamment la coutume, la philosophie morale et l'épistémologie qui soutiennent la thèse de la primauté du droit subjectif sur le droit substantiel.

Ainsi, dans le traitement du fond des contentieux constitutionnels soumis à la Cour constitutionnelle, les arguments justifiant l'irrecevabilité irréfragable et irréparable pour défaut de qualité et d'intérêt méritent d'être approfondis, afin de ne pas faire dépérir une si Haute institution utile à la démocratie congolaise.

Il en est de même de l'usage courant de l'incompétence insistante dans les arrêts de la Cour sur des matières pourtant liées à la protection des libertés et des droits fondamentaux de citoyens.

Au deuxième chapitre ayant fait l'objet de la présente étude, il a été examiné la procédure du contrôle de constitutionnalité en action ou en exception, ainsi que celle de la non-conformité des actes de pouvoirs publics à la Constitution et celle relative à l'interprétation des dispositions constitutionnelles. Il ressort clairement de l'analyse des requêtes et des arrêts de la Cour et il peut être dit en toute objectivité, qu'il y a un problème de compréhensivité remarquable entre la Cour et les justiciables ou les citoyens au sujet de dispositions constitutionnelles relatives aux compétences de celle-ci.

Les attentes de citoyens sur cette Cour sont telles qu'il est nécessaire de rétablir très vite cette compréhensivité, aussi bien entre la Cour et les citoyens qu'entre la Cour et les autres institutions de la République. Comme la crédibilité politique de la Cour et son autorité morale au sein de l'État et de la société dépendent de l'appréciation que les citoyens et les Institutions, ainsi que les autres acteurs de l'État et de la société se font d'elle, elle y est tenue de jouer son principal rôle de protection des libertés et des droits fondamentaux garantis par la Constitution. Et cela mérite de sa part plus d'inspiration et de courage politique face à toute pression politique ou tout populisme social.

La Cour constitutionnelle devra développer davantage sa capacité de coopération avec les autres institutions de la République et de développer des mécanismes qui rassurent les citoyens, grâce à l'effectivité de son vrai rôle de gardienne de la Constitution et des droits civiques et politiques des citoyens.

Au troisième chapitre relatif à l'examen des contentieux électoraux, il a été relevé la nécessité de renforcer le pouvoir d'instruction sur le déroulement du scrutin et de la rigueur pour l'examen des dossiers liés aux recours, afin de prendre des décisions les moins controversées autant que possible lors de la proclamation des résultats électoraux.

De toutes ces exigences pour le bon déroulement du scrutin dépend l'affermissement de la démocratie congolaise, aussi bien par l'assainissement des mandats électoraux à l'issue des élections justes et transparentes, que par l'avènement des alternances politiques paisibles.

De l'avis des observateurs et de nombreux scientifiques congolais et étrangers, la Cour constitutionnelle est appelée à une mise à niveau pour affronter les contentieux électoraux aux prochaines échéances électorales. Il est du bon souhait de tous les citoyens, qu'en dépit de situations de précarité de tous ordres, la Cour devra donner l'assurance d'une démocratie avec de vrais élus du peuple.

La procédure pour intervention volontaire, pour la tierce opposition et pour le désistement a fait l'objet d'un quatrième chapitre. Malgré le fait qu'il ait trop peu de requêtes ayant trait à ce type du contentieux constitutionnel et que la tendance reste encore de faible prise contrairement aux contentieux de droit privé, l'intervention volontaire, la tierce opposition et le désistement sont des matières très délicates. Puisqu'elles trouvent leur fondement juridique soit sur la volonté à l'intervention du tiers au procès, soit sur le libre consentement du demandeur pour le retrait du procès avec l'acquiescement du défendeur impliquant la soumission du juge à la volonté des parties.

En ce qui concerne le cinquième chapitre consacré à la procédure relative à la déclaration du patrimoine familial des assujettis à l'article 99 de la Constitution, les quelques requêtes reçues de membres de gouvernements ont permis à la Cour de préciser le moment de leur entrée en fonction et de la fin de leurs fonctions.

À ce sujet précis, la Cour devra mieux prendre position pour décider si les ministres retenus dans un nouveau Gouvernement aux mêmes postes ou permutés à d'autres postes à la suite d'une nouvelle ordonnance présidentielle de nomination étaient tenus à l'obligation d'une nouvelle déclaration du patrimoine familial. Ici, la notion de " fin mandat et d'entrée en fonction " mérite plus d'éclaircissement de la part du juge constitutionnel pour ne pas exonérer certains membres du gouvernement de leurs obligations constitutionnelles par rapport à la déclaration du patrimoine familial.

La Cour devrait examiner avec rigueur les dossiers du patrimoine familial des assujettis et faire respecter les délais légaux lors de leur dépôt conformément à l'article 99 de la Constitution, mais devrait aussi insister sur l'obligation à se conformer aux règles de procédure lors des audiences en cette matière.

Enfin, pour les deux derniers chapitres sur la procédure de prise de décisions à la Cour et sur la procédure d'exécution des arrêts de la Cour constitutionnelle, il est relevé pour la première procédure que les exigences d'indépendance, du mode de votation et du quorum requis déterminent la validité des décisions.

Au sujet de la procédure d'exécution des arrêts, la Cour ne devrait pas attendre que le Parquet général s'en occupe, puisque la pure théorie de droit, dans la publication remarquable de Kelsen donne la nette signification de la nullité d'un acte déclaré inconstitutionnel par la Cour inconstitutionnelle.

Cet acte incriminé et déclaré inconstitutionnel par la Cour constitutionnelle sort de l'ordonnancement juridique du pays, puisqu'il est nul et de nuls effets. Et aussi bien les autres institutions de la République que les particuliers sont tenus de le considérer comme tel. Il en est de même des lois, des édits, des ordonnances présidentielles, après qu'ils aient été notifiés aux personnes concernées et aux autorités indiquées par la loi et après leur publication au Journal officiel.

Au dernier chapitre, j'ai tenu à mettre l'accent sur les deux arrêts de revirement, dont le premier était un véritable dévergondage juridique, par lequel la nouvelle composition de la Cour constitutionnelle voulait faciliter la conspiration de Présidents de deux Chambres du Parlement acquis à l'ancien pouvoir et le second fait un revirement correctif d'un arrêt de la Cour constitutionnelle monté pour sauver l'ancien Premier Ministre Matata Ponyo Mapon Augustin pour des infractions commises lors de l'exercice de ses fonctions.

A ce dernier arrêt de revirement correctif, la Cour constitutionnelle a eu le grand mérite de procéder à l'interprétation des dispositions combinées de l'article 164 de la Constitution et de l'article 72 de la loi organique relative à la Cour constitutionnelle, il transparait qu'elles ne limitent pas les poursuites de l'ancien Premier ministre pendant l'exercice de cette fonction.

Ainsi, la Cour rappelle que le constituant situe le moment de la commission de ces faits, c'est-à-dire pendant que l'on exerce la fonction de Président de la République ou de Premier ministre, mais ne dit pas à quel moment les poursuites peuvent être exercées contre les titulaires de ces fonctions, pendant ou après l'exercice desdites fonctions.

En précisant seulement le moment de la commission de ces infractions dans l'exercice où à l'occasion de l'exercice de ses fonctions, sans indiquer à quelle période les poursuites peuvent être engagées ou initiées, le constituant a laissé expressément une porte grandement ouverte quant au choix du moment pour engager les poursuites, qui peuvent être initiées pendant que l'intéressé est encore en fonction ou après F exercice de la fonction.

La Cour soutient que la Constitution n'organise pas un régime de l'irresponsabilité du Premier ministre pour les faits cités à l'article 164, et repris par l'article 72 de la Loi organique n°13/026 du 15 octobre 2013 portant organisation et fonctionnement de la Cour Constitutionnelle, elle n'exonère pas non plus tout ancien Premier ministre pour ces mêmes faits pendant l'exercice de ses fonctions.

Pour elle, tout comme le Premier ministre en exercice, un ancien Premier ministre reste justiciable de la Cour constitutionnelle, selon la procédure prévue par la Constitution, la loi organique précitée et le règlement intérieur de la Cour constitutionnelle pour les faits prévus à l'article 164de la Constitution.

C’est de cette façon que la Cour constitutionnelle devrait également faire avancer sa légitimité démocratique, sa crédibilité politique et la validité de son expertise juridique aux yeux de nombreux citoyens qui attendent une meilleure justice constitutionnelle en République Démocratique du Congo.

En conclusion, la Cour constitutionnelle doit prendre la mesure du cumul des litiges constitutionnels depuis l’indépendance de la République Démocratique du Congo en passant par les premières tentatives de libéralisation politique des années 90 jusqu’en 2018.

En faisant du juridisme rigoureux et de la pure expertise classique ou de la complaisance, aucun problème de fond ne sera résolu et il pèsera toujours dans la société les risques de violence réfractaire, réactionnaire ou révolutionnaire. Et dans un cas comme dans d’autres, l’institutionnalisation d’une Cour ayant la principale mission de protéger les libertés et les droits fondamentaux garantis par la Constitution n’aura pas été d’une grande utilité pour la sauvegarde de la démocratie et de la stabilité politique.

Il appartient à la Cour constitutionnelle, appuyée par toutes les Institutions républicaines de faire respecter la Constitution pour qu’il y ait un véritable État de droit fondé sur des valeurs démocratiques et républicaines.

Bibliographie

I. Publications

1. IONASCO et T. IONASCO , *La propriété personnelle en droit socialiste, In recueil d'études en Hommage à Marc Ancel*, vol.1, 1975
2. A.V. DICEY, *Introduction à l'étude du droit constitutionnel,* Girard & Bière, Paris, 1902
3. Anne-Marie HO DINHDU, *Le vide juridique et le besoin de loi, pour un recours à l'hypothèse du no-droit, l'Année sociologique,* vol 57, numéro 2, Presses Universitaires de France, Paris, 2007
4. Antonis PANAGOPOULOS, *Modèle américain ou modèle européen de justice constitutionnelle. Étude comparative à travers le cas hellénique*, thèse de doctorat sous la direction de André Roux, Université Aix-Marseille 3, soutenue le 28.01.2011
5. BANYAKU LUAPE EPOTU, *Note de lecture de l'article de Mohammed Amine Benabdallah portant sur le contrôle de la constitutionnalité des lois : regard sur dix années d'évolution au Maroc*, Éditions CECERI, Kinshasa, 2015
6. BANYAKU LUAPE EPOTU, *Prospectus électoral, Estimations démographiques et Enjeux électoraux*, Tome I et Tome II, Éditions CIEDOS, Kinshasa, 2004
7. C. MARQUET, *Les défenses en droit judiciaire : vers un ordre public procédural*, Ed. Larcier, Bruxelles, 2010
8. Chaim PERELMAN, *Le raisonnable et le déraisonnable en droit. Au-delà du positivisme juridique*, Bibliothèque de philosophie de droit, Librairie générale de droit et la jurisprudence, Paris, 1984
9. Charles DEBBASH et Frédéric COLIN, *Droit Administratif,* 8eme Édition, Economia, Paris, 2007
10. Claude-Joseph DE FERRIÈRE, *Dictionnaire de droit et pratique,* Nouv. Édition, vol.2, Paris, 1779
11. D. MOUGENOT, *La jurisprudence du code judiciaire commentée* t.II, la Charte, 2013
12. D. ROUSSEAU, *Droit du contentieux constitutionnel*, Montchrestien, Paris, 1993

13. DU JARDIN, *Le droit de la défense dans la jurisprudence de la Cour de cassation*, J.T, Paris, 2003

14. Étude de législation comparée, *Le recours devant le juge constitutionnel, n° LC 208*, septembre 2010, Site au service des citoyens du Sénat de la France

15. Eva FISHER, *La notion d'évolution du litige et la politique de la Cour de cassation quant au double degré de juridiction*, Dalloz, D 2005 - 2368.

16. F. DELPEREE et P. FOUCHER, *La saisine du juge constitutionnel. Aspects de droit comparé*, Bruylant, Bruxelles, 1998

17. Frédéric LAUPIES, *Justice transcendance et justice immanente*, PUF, Paris, 2017

18. Frédéric VANDENBERGHE, *Une histoire critique de la sociologie allemande.* Tome II: Horkheimer, Adorno, Marcuse, Habermas, Ed. La Découverte, Paris, 1998

19. G.GLOSSET-MARCHAL et Jean François VAN DROOGHENBROECK, *Les voies de recours en droit judiciaire privé,* Ed. Bruylant, Bruxelles, 2010

20. GAND, *Droitcivil*, 5 juin 2012, Revue, trimestrielle droit famille, 2013/1

21. Gérard CORNU et Jean FOYER, *Procédure civile*, 3eme Ed. PUF, Paris, 1996

22. Gérard CORNU, *Vocabulaire juridique*, 2eme Édition, janvier 2001

23. Gérard LEGIER, *L'intervention forcée en appel et l'évolution du litige 9article 555 du nouveau code de procédure civile,* Chapitre XXXI, DS 1978.

24. H. KELSEN, *Théorie pure du droit, traduit par Charles Eisenmann,* 2ième Édition, 1962, Bruylant, LGDJ, La pensée juridique, Bruxelles, 1999

25. H.KELSEN, *La garantie juridictionnelle de la Constitution*, RDP, 1928

26. H. VIZIOS, *Études de procédure*, Bière, Bordeaux, 1956

27. Institut des droits de l'homme avec l'appui de Open Society Initiative for Southern Africa, *Guide pratique du contentieux électoral en République Démocratique du Congo,* Kinshasa, CEDI, 2011 ;

28. J. SALMON (éd.), *Dictionnaire de droit international public,* Bruxelles, 2001

29. J. VAN CAMPERNOLLE, *Le droit d'action en justice des groupements*, Ed. Larcier, Bruxelles, 1972

30. Jean François VAN DROOGHENBROECK, *Le juge et le contrat,* RGDC, 2007

31. Jean François VAN DROOGHENBROOEK, *Manuel de procédure civile,* Larcier, Bruxelles, 2015

32. Jean louis ESAMBO KANGASHE, *Le droit électoral congolais,* Academia-L'Harmatan, Louvain-la-Neuve, Bruxelles, 2014

33. Jean PIAGET, *Épistémologie des sciences de l'homme et Études sociologiques*, Droz, Genève, 1965

34. Jean Pierre MAVUNGU MAVUNGU-DI-NGOMA, *La justice constitutionnelle en République Démocratique du Congo, Aperçu sur la compétence de la Cour constitutionnelle et la procédure devant cette haute Juridiction,* Éditions universitaires africaines, Kinshasa, 2017

35. Jean-Etienne-Marie PORTALIS, *Commentaire de l'extrait du Discours préliminaire sur le projet de code civil,* TD n° 5. 1801.

36. J-Michel DOYON, *Droit, Loi et Équité, Revue Générale de droit,* Volume 26, numéro 2, juin, Éditions Wilson & Lafleur, inc. 1995

37. Jürgen HABERMAS, *Théorie de l'Agir communicationnel, Rationalité d'agir et rationalisation de la Société,* Tome I, Fayard, Paris, 1987

38. Jürgen HABERMAS, *Moralbewusstsein und Kommunikatives Handeln,* Suhrkamp, Frankfurt am Main, 1991; Traduite et Interprétée en français par Christian BOUCHINDHOMME, *Morale et Communication. Conscience morale et activité communicationnelle.* Ed. du Cerf, Paris, 1983

39. K. STOYANOVITCH, *Le régime de la propriété en URSS,* LGDJ, 1962 ; V. KNAPP, *Proprerty and trust, Socialist countries, International Encyclopedia of Comparative Law*, vol, VI, chap.27 Karl-Otto APEL, Kommunikationsgemeinschaft als transzendentale Voraussetzung der Sozialwissenschaften", in : *Neue Hefte für Philosophie* 2/3,1972. Repris dans Karl-Otto APEL, *Die Transformation der Philosophie*, II volumes, Suhrkamp Francfort - sur-le-Main, 1973, p.220-263 et dans sa version française, Karl-Otto APPEL, *Transformation de la philosophie*, vol.1, Éditions du Cerf, Paris, 2007, Karl R. POPPER, Plon, Paris, 1988

40. M. GRÉGOIRE, *L'ordre public dans la jurisprudence de la Cour de cassation, L'ordre public : concept et application,* 1997

41. Max WEBER, *L'objectivité de la connaissance dans les sciences et la politique sociale. Essais sur la théorie de la science*, Plon, Paris, 1965

42. Marc André LANDRY, *La procédure en irrecevabilité (165.4) du Code de Procédure Civile du Québec*, article en consultation, htpp//edoctine caij.qc.ca/wilson-et-la fleur-livre/9/1343432569, voir site http/lacombeavocat.ca/laprocédure-en-irrecevablede l'accompagnement juridique de Lacombe Avocat, du 13 avril 210

43. Nicolas WOUTERS, *Se désister en droit de la procédure civile,* Mémoire pour master en droit, Année Académique 2014-2015, sous la promotion de Jean-François Van Drooghenbroeck

44. O JOUANAJAN, *La modélisation des effets des décisions des juridictions constitutionnelle et administrative en droit allemand,* RFFDA, 2004

45. Oumar GAYE, *Le contentieux électoral devant les juridictions suprêmes, les cahiers de l'Association ouest-africaine des hautes juridictions francophones*, Colloque International sur le contentieux électoral et l'État de droit,

46. P.-A FENET, *Recueil complet des travaux du Code Civil.* Titre préliminaire. *De la publication, des effets et de l'application des lois en général, présentation au Corps législatif, exposé des motifs par le Conseiller d'État*, Portalis, 4 ventôse an XI, note 18, tome I.

47. P. GÉRARD., H. BOULARBAH et Jean François VAN DENBROOGHENBROECK, *Pourvoi en cassation en matière civile*, RPDB, Bruylant, Bruxelles, 2012

48. P. RAYNAUD, *Le désistement d'instance. Contribution à l'étude de la renonciation à un droit,* Revue trimestrielle de droit civil, 1942,

49. P. ROUARD, *Traité élémentaire de droit judiciaire privé. La procédure civile.* Deuxième partie, l'instruction de la demande, T. III, Bruylant, Bruxelles, 1977

50. R. K. MERTON (1936), « The Unanticipated Consequences of Social Action », repris in R. K. MERTON, *Sociological Ambivalence and Other Essays*, New York, The Free Press, 1976.

51. Réné DAVID, Camille JAUFFRET - SPINOSI et Marie GORÉ, *Les grands systèmes de droit contemporains*, 12ème Édition, Dalloz, Paris, 2016

52. T. De HAAN, *Le point sur... Les désistements*, J.T, 2001

53. VUNDUAWE TE PEMAKO, *Traité de Droit administratif,* Larcier, Bruxelles, 2008

54. Xavier MAGNON, *La modulation des effets dans le temps des décisions des juges constitutionnels, Annuaire international de justice constitutionnelle* (AIJC), 2012

II. Documentation

1. Arrêt Marbury v. Madison de la Cour suprême des États-Unis (arrêt 5 U.S. 137) rendu le 1er février 1803. La cour affirme la capacité, pour les tribunaux et en particulier pour elle-même, de juger de la conformité des lois à la Constitution et d'écarter, en ne les appliquant pas, celles qui y contreviendraient.
2. Arrêt de Fletcher v. Peck de 1810 : après l'abrogation de la loi sur la propriété des terres en rapport avec le titre original des Amérindiens selon l'acte de 1795, la décision de la Cour suprême Court ruling [edit] a statué que l'abrogation de la loi par le législateur était inconstitutionnelle, car la clause contractuelle de la Constitution, ne peut être invalidée même si elle est illégalement garantie. La Cour a ainsi affirmé son droit d'invalider les lois de l'État qui sont en contradiction avec la Constitution
3. Bulletin des arrêts de la Cour Suprême de Justice, Année : janvier 1980 - décembre 1984, Éditions du service de Documentation et d'Études du Ministère de la Justice, Kinshasa, 2001, pp. 161
4. Étude de législation comparée, le recours devant le juge constitutionnel, n° LC 208, septembre 2010, Site au service des citoyens du Sénat de la France, pp. 1-46
5. La Loi fondamentale de la République fédérale d'Allemagne du 23 mai 1949 ; Loi relative à la CourConstitutionnelle fédérale du 12 mars 1951
6. La Constitution française du 27 octobre 1943 ; la Loi constitutionnelle de la France de 1974 ; la Loi constitutionnelle de la France du 2 juillet 2008 ; la Loi organique 92-23 30 mai 1992 sur le Conseil Constitutionnel
7. La Constitution des États-Unis d'Amérique ; les Règles de la Cour suprême des États-Unis adoptées le 12 janvier 2010
8. La Constitution de la République portugaise du 2 avril 1976 ; La Loi n° 28 du 15 novembre 1982, sur l'organisation, le fonctionnement et la procédure devant le tribunal constitutionnel
9. La Constitution de la République italienne ; La Loi constitutionnelle n° 1 du 11 mars 1953, portant normes complémentaires à la constitution

concernant la cour constitutionnelle ; La Loi constitutionnelle n° 2 du 22 novembre 1967 modifiant l'article 135 de la constitution et portant dispositions sur la cour constitutionnelle

10. La Constitution de la République Démocratique du Congo, modifiée par la Loi n°11/002 du 2à janvier 2011 portant révision de certains articles de la Constitution de la République Démocratique du Congo du 18 février 2008 ; La loi organique n° 13/026 du 15 octobre 2013 portant organisation et fonctionnement de la Cour constitutionnelle

11. La Constitution espagnole du 27 décembre 1978 ; Loi organique n° 2 du 3 octobre 1979 sur le tribunal constitutionnel

12. La Constitution du Royaume de Belgique du 17 février 1994 ; Loi spéciale du 6 janvier 1989 sur la cour constitutionnelle

13. Mémoire du Barreau de Québec au projet de loi n 28 intitule Loi instituant le nouveau Code de Procédure Civile, présente par la Commission des Institutions de l'Assemblée nationale du Québec, 13 décembre 2013

Postface

Chez les Mongo, on dit « *bonkune atanaki engambe afetsha* ». Cette maxime s'est imposée dans mon esprit après avoir parcouru avec délectation cette invitation à la réflexion du professeur, du juge constitutionnel Banyaku luape Epotu Eugèneque j'appelle affectueusement professeur ya Mpaka, Mon Engambi, et lui de rétorquer Professeur ya Jeune, Bonkune. La lecture de cet essai me convainc davantage sur la densité et l'érudition de mon ainé.

Notre ainé Banyaku, premier juge constitutionnel non juriste de notre jeune Cour constitutionnelle, saisit l'opportunité de son immersion dans ce haut lieu de la justice pour nous inviter à un questionnement sur les procédures engagées lors des requêtes introduites devant la Cour. Cette dernière, en évacuant très souvent, les requêtes pour irrecevabilité par défaut de bonne procédure devant elle, laisse irrésolues les questions qui lui sont soumises.

L'article 158 de la Constitution congolaise en affirmant que « les deux tiers des membres de la Cour constitutionnelle seulement doivent être des juristes », a donc ouvert la voie à l'admission dans ce temple des personnalités autres que des juristes pour enrichir son action.

Cette analyse est une interpellation sur le droit qui n'est pas, par ailleurs, une discipline isolée, fermée sur elle-même. Il se nourrit et doit se nourrir des études et des substantielles contributions, des politologues, des administrativistes, des philosophes, des sociologues, psychologues, bref de tous les experts en sciences humaines.

Au demeurant, « ce ne sont pas des juristes de profession qui, en Grèce, ont réfléchi sur la loi et le droit. Mais, des théologiens, des anthropologues, des philosophes ou des historiens : Héro dote, Xénophon Thucydide. Les grands classiques de la tragédie grecque tels que Sophocle et Euripide

La justice constitutionnelle, plus que toute autre branche du droit est l'expression de la saisine de la politique par le droit. Elle a pour mission de trancher les conflits essentiels de la vie de la cité, de régler les conflits entre pouvoirs dont les grands équilibres et fonctionnement touchent à notre survie en tant que Nation.

Dans l'analyse de la jurisprudence de la Cour sur les matières qui sont de sa compétence, le professeur Banyaku laisse dégager avec amertume que les arrêts de cette Haute Cour pèchent d'une obsession formaliste, en se focalisant sur les détails procéduraux, et en refusant d'examiner la substance et la pertinence des requêtes. Il s'en suit une véritable « *forfaiture politique face aux besoins pressants de justice ressentis surtout par les moins nantis en connaissance de droit ou en moyens de défense* »

Aussi, le professeur BANYAKU , soucieux de la tranquillité de la cité milite pour une justice constitutionnelle portée vers l'examen du fond de chaque contentieux au prix duquel la paix civile peut être sauvegardée.

Nous ne pouvons que partager ce cri et cette approche du professeur Banyaku qui rejoint notre vision anthropocentrique et axiologique du droit, que nous définissons comme un ensemble d'outils réunis par une société donnée pour assurer les armistices sociaux.

Cependant nous devons reconnaitre que le droit reste et restera à la fois une discipline, une science de forme et de fond. Les impératifs liés à la qualité du requérant, à sa capacité, à son intérêt à agir, au respect du principe dispositif, seront toujours convoqués dans une procédure qui se veut judiciaire. La « forme est la garantie de la liberté », dit-on. Un organe qui n'est limité que par sa propre volonté n'est pas limité. Soljenitsyne n'affirme-t –il pas que « la liberté est dans les prisons ».

Au fond, la question n'est pas celle du respect des règles de forme, mais de l'esprit qui anime les praticiens de ce formalisme de pacotille qui en agissent de manière, intéressée, pernicieuse et sélective.

Ce n'est pas le respect des procédures en soi qui préoccupe ces juges. Ils sont plutôt animés par des préoccupations politiciennes enrobant leurs démarches d'un juridisme sclérosé ou morbide. Très souvent, ils opèrent un « contrôle préventif ou une censure à usage présidentiel ». En réalité, ils usent et abusent du formalisme comme mécanismes d'esquive, d'évitement, ou de diversion. Même les fonds de leurs Arrêts sont intentionnellement ambigus lorsque leurs arrêts ne sont pas tout simplement et clairement « des décisions sur commande politique. Ainsi, si la Cour ne joue en Hérode du constitutionalisme, elle verse dans « ponce pilate ».

Et, lorsque la Cour ose s'affranchir du formalisme dans des questions périphériques ne touchant pas aux intérêts du noyau, ses Arrêts sont ignorés ou contestés par l'exécutif au mépris de l'article 168 de la Constitution. Ainsi, l'abondante analyse jurisprudentielle présentée par le professeur Banyaku démontre que dans un régime politique non démocratique, il est inconcevable de s'attendre à une justice constitutionnelle, effective, efficace et indépendante.

En somme, comme nous le disait J Rivero[107] : « *les institutions, à la différence des satellites, demeurent rarement sur l'orbite où leur créateur avait entendu les placer. Elles échappent à la volonté du constituant ou du législateur*

[107] *RIVERO, La fin de l'absolutisme, in le Conseil constitutionnel et les libertés, Economica 1987, p 139.*

qui leur a donné vie. L'événement, le milieu, la personnalité des hommes qui les incarnent déterminent leur trajectoire"

Force est donc de nous armer de volonté, d'asseoir une nouvelle armature pour l'émergence d'un nouvel imaginaire apte à asseoir un droit de fond comme de forme fécond, revitalisé par des acteurs. Alors et alors seulement la Cour pourra assumer sa mission première de protéger les hommes et les valeurs du constitutionnalisme. Seule, la rupture épistémologique pourra nous sortir de cette tare post-autoritaire couvre cette fausse et malveillante subtilité ou une fausse énigme de formalisme.

La Cour dans sa posture actuelle ne pourra donc que faire accumuler les frustrations par illusion de justice au point d'attiser les tensions et de multiplier les tentatives de voies de fait pour se faire justice.

Comment, en effet, à titre d'illustration, comprendre que dans une procédure déclaratoire du patrimoine devant la Cour constitutionnelle prévue par l'article 99 de la Constitution, que la Cour dans l'arrêt R.Const.002/2016/TSR accepte les excuses des membres de gouvernement, après avoir constaté que les intéressés n'ont pas obéi à l'impératif constitutionnel. Ceux-ci ont trouvé des motifs du dépôt tardif en arguant « *soit l'indisponibilité en raison de repos médical ou en soins de santé à l'étranger, soit pour absence dans la ville et que ses services auraient omis de déposer sa déclaration écrite, soit encore en raison de visite familiale à l'étranger. Et,* la Cour était d'avis *« que les justifications fournies par les intéressés, pour le dépôt tardif des déclarations écrites de leur patrimoine familial, étaient pertinentes et fondées. Par conséquent, elle va relever les intéressés de la déchéance encourue pour le dépôt tardif de leurs actes* ».

Et, le juge Banyaku nous dit à ce sujet, dans le présent essai que « *Cet arrêt de la Cour constitutionnelle a été rendu de manière artistique et de parfaite élégance pour éviter de prendre la totale responsabilité* ». Il conclut en disant : « Ces cas de procédure déclaratoire du patrimoine familial suivis avec précaution et délicatesse démontrent à suffisance l'exercice très *adroit* auquel se livre l'Institution gardienne de la Constitution pour sauver l'équilibre des institutions politiques dans la phase actuelle de la démocratie congolaise ».

Faut-il alors parler « du juridisme rigoureux » « de la pure expertise classique » ou de » la complaisance »….

En somme, la question essentielle se situe dans l'instrumentalisation assumée des juges dans ce qu'il convient d'appeler le syndrome d'accaparement du pouvoir en Afrique. Ainsi, le juge constitutionnel congolais risque, s'il ne s'arme pas d'audace, de rester au mieux « un juge spectateur », au pire « un juge fossoyeur ».

En conclusion, le juge constitutionnel congolais devra, en toute sagesse, « dépiéger un système judiciaire marqué par des décennies de dictature », sinon il restera comme dit le doyen F. Wodié un agent de « *ces barbares que sont les hommes politiques qui, pour avoir le fruit, n'hésitent pas à abattre l'arbre producteur* »[108].

Jacques Djoli Eseng 'Ekeli Professeur des Universités.

[108] *WODIE, F, L'hommage de la communauté universitaire, in la Constitution béninoise du 11 décembre 1990. Un modèle pour l'Afrique ? Mélanges en l'honneur de Maurice Ahanhanzo-Glèle, p.49.*

Table des matières

Préface 7
Avant-propos 11
Introduction générale 15

Chapitre 1
Considérations générales 19
1. Origine du droit positif 19
2. Définition du droit positif 19
3. La loi dans le droit positif 19
4. Rôle de la procédure dans le droit positif 20
5.Sources du droit positif 20
    5.1. La coutume 20
    5.2. La philosophie morale 25
    5.3. Épistémologie phénoménale ou le pragmatisme transcendantal 27
    5.4. Kant et les impératifs pour toute action 32
Conclusion du chapitre 32

Chapitre 2
La procédure de saisine devant la cour constitutionnelle 35
1. La qualité à agir devant la cour constitutionnelle 35
2. L'intérêt à agir devant la cour constitutionnelle 49
3. Le délai de survenance ou d'expiration prescriptive devant la cour constitutionnelle 56
Conclusion 58

Chapitre 3.
La procédure en action et en exception d'inconstitutionnalité devant la cour constitutionnelle 59
1 procédure de contrôle de constitutionnalité en action devant la cour constitutionnelle 59
    §.1. La République Fédérale d'Allemagne 63
    §.2. La Belgique 66
    §.3. L'Espagne 68
    §.4. L'Italie 70
    §.5. Le Portugal 72
    §.6. Les États-Unis 75
    §.7. La France 77
    §.8. La République Démocratique du Congo 78

2. Procédure déclinatoire en exception d'inconstitutionnalité devant la Cour Constitutionnelle 80
3. La procédure du contentieux d'attribution entre la Cour de Cassation et le Conseil d'État devant la cour constitutionnelle 85
Conclusion 85

Chapitre 4
La procédure pour les contentieux électoraux devant la Cour constitutionnelle 87
1. Les conditions de recevabilité, le pouvoir d'instruction 88
§.1. Les conditions de recevabilité 88
§.2. Le pouvoir d'instruction de la Cour Constitutionnelle 89
2. Les décisions de la Cour Constitutionnelles et les voies de recours 89
§1. Les décisions de la cour constitutionnelle 89
§2. Les voies de recours du contentieux électoral devant la Cour Constitutionnelle 90
3. Le contentieux électoral devant la Cour Constitutionnelle congolaise 91
Conclusion 93

Chapitre 5
La procédure de l'intervention volontaire, de la tierce opposition et de désistement devant la Cour Constitutionnelle 95
1. L'intervention volontaire devant la cour constitutionnelle 95
2. La tierce opposition devant la cour constitutionnelle 99
3. Le désistement 109
§1. Formes de désistement 109
1. Le désistement de procédure 110
2. Le désistement d'instance 112
3. Le désistement d'action 113
4. Les arrêts de la Cour Constitutionnelle relatifs au désistement 115
Conclusion 118

Chapitre 6
La procédure de la déclaration du patrimoine familial devant la Cour Constitutionnelle 119
1. Origine de l'exigence de la déclaration du patrimoine familial 119
2. Procédure 120
3. Illustrations 121
Conclusion 128

Chapitre 7
La procédure de prise de décisions de la Cour Constitutionnelle 129
1. Les prérequis à la procédure de la prise de décisions à la Cour Constitutionnelle 129

2. L'introduction d'instance à la Cour Constitutionnelle 131
3. Les formules du prononcé des arrêts de la Cour Constitutionnelle 132
Conclusion 132

Chapitre 8
Procédure de l'exécution des arrêts rendus par la Cour Constituionnelle 133
1. Les requis 133
2. Innovations jurisprudentielles apportées par la Cour Constitionnelles 135
3. Défis de la Cour Constitutionnelle 135
Conclusion 142

Chapitre 9
Les arrêts de revirement rendus par la Cour Constituionnelle 147
Section I : Arrêt malheureux de revirement de la Cour constitutionnelle sur la conformité à la constitution du règlement intérieur du congrès......... 147
Section II. : Arrêt heureux de revirement de la Cour Constitutionnelle sur le moment de la commission des faits infractionnels par le président de la République et le Premeir Ministre en fonction 151

Conclusion générale 167
Bibliographie 171
Postface 177
Table des matières 181

Structures éditoriales du groupe L'Harmattan

L'Harmattan Italie
Via degli Artisti, 15
10124 Torino
harmattan.italia@gmail.com

L'Harmattan Hongrie
Kossuth l. u. 14-16.
1053 Budapest
harmattan@harmattan.hu

L'Harmattan Sénégal
10 VDN en face Mermoz
BP 45034 Dakar-Fann
senharmattan@gmail.com

L'Harmattan Cameroun
TSINGA/FECAFOOT
BP 11486 Yaoundé
inkoukam@gmail.com

L'Harmattan Burkina Faso
Achille Somé – tengnule@hotmail.fr

L'Harmattan Guinée
Almamya, rue KA 028 OKB Agency
BP 3470 Conakry
harmattanguinee@yahoo.fr

L'Harmattan RDC
185, avenue Nyangwe
Commune de Lingwala – Kinshasa
matangilamusadila@yahoo.fr

L'Harmattan Congo
219, avenue Nelson Mandela
BP 2874 Brazzaville
harmattan.congo@yahoo.fr

L'Harmattan Mali
ACI 2000 - Immeuble Mgr Jean Marie Cisse
Bureau 10
BP 145 Bamako-Mali
mali@harmattan.fr

L'Harmattan Togo
Djidjole – Lomé
Maison Amela
face EPP BATOME
ddamela@aol.com

L'Harmattan Côte d'Ivoire
Résidence Karl – Cité des Arts
Abidjan-Cocody
03 BP 1588 Abidjan
espace_harmattan.ci@hotmail.fr

Nos librairies en France

Librairie internationale
16, rue des Écoles
75005 Paris
librairie.internationale@harmattan.fr
01 40 46 79 11
www.librairieharmattan.com

Librairie des savoirs
21, rue des Écoles
75005 Paris
librairie.sh@harmattan.fr
01 46 34 13 71
www.librairieharmattansh.com

Librairie Le Lucernaire
53, rue Notre-Dame-des-Champs
75006 Paris
librairie@lucernaire.fr
01 42 22 67 13

www.ingramcontent.com/pod-product-compliance
Lightning Source LLC
LaVergne TN
LVHW021209061026
849535LV00008B/2654
* 9 7 8 2 1 4 0 3 1 4 7 9 7 *